KB041651

책세상문고 · 우리시대

지구화, 현실인가 또 하나의 신화인가

지구화,
현실인가
또 하나의
신화인가

구춘권

책세상

지구화의 패자와 희생자들에게

지구화, 현실인가 또 하나의 신화인가 | 차례

독일에 유학 중일 때 나는 아침에는 독일 신문을 읽었고, 밤에는 인터넷을 통해 한국 신문들을 뒤적이곤 했다. 이제는 밤에 독일 신문을 읽으니 이 습관은 거꾸로 되었는데, 벌써 12년째 읽어온 〈프랑크푸르터 룬트샤우〉라는 독일의 한 비판적 지성지의 매력은 9천 킬로미터나 떨어진 거리에도 불구하고 여전히 나를 이 신문의 충실한 독자로 머물게 했다. 온갖 화려한 광고와 총천연색 사진들로 도배한 한국의 신문들에 비하면 독일의 신문들은 왠지 고색창연한 느낌마저 준다. 위의 신문은 특히 그렇고, 웹사이트(http://www.fr-aktuell.de) 역시 대단히 조촐한 모양새만을 갖추었을 뿐이다. 그러나 선정적인 기사 제목이나 사진보다는 심층적인 사실보도, 그리고 사실의 배경에 대한 상세한 비판적 분석은 이 신문의 상징으로 자리잡았고, 바로 이 때문에 30여 만에 이르는 독자들이 꽤 비싼 구독료를 지불하면서도 이 신문을 읽을 것이다. '한국에 이런 비판적 지성지가 하나만 있더라도, 우리 사회 담론의 지형이 꽤 바뀔 텐데…'라는 아쉬운 생각이 자주 들긴 하지만 어찌하랴, 꿩 대신 닭이라고 한국에 그런 신문이 없다면 독일 것을 읽을 수밖에. 게다가 인터넷이란 통신기술의 혁명은 이를 식은 죽 먹듯 간단하게 만들었다.

얼마 전의 일이다. 여느 날처럼 나는 통신비가 싸지는 밤 아홉 시를 기다려 인터넷을 통해 이 신문을 읽기 시작했다. 그런데 평소와 달리 빨간 제목의 속보가 눈에 띄어 당연히 그 기사로 눈길이 먼저 갔다. 그 속보는 영국 도버 항의 한 컨테이너에서 동아시아인들로 추정되는 시체 58구가 발견되었다는 경악할 만한 내용을 담고 있었다. 나중에 중국인들로 밝혀진 이 54명의 남자들과 4명의 여자들은, 원래 토마토를 싣기로 되어 있는 컨테이너 속에 숨어 밀입국을 시도하다가 냉장 장치가 작동하지 않는 바람에 고온에서 질식해 숨져간 것이다. 최소한 경제적으로나마 인간다운 삶을 누리기 위한 목숨을 건 이들의 제1세계로의 도약은, 단지 목숨과 운송료——인간밀수업자라는 범죄 조직에 지불한 1인당 수천 달러에 달하는——만을 빼앗긴 채 비극적으로 끝나고 말았다.

'지구화'라는 주제 아래 진행한 지난 몇 학기 동안의 강의 덕택에 나는 지구화에 대한 여러 책들을 읽었고, 지구화의 문제들에 대해 고민할 기회도 가졌다. 그리고 학생들에게 지구화의 긍정적 측면과 부정적 측면을 구별하여 전하려고 시도했다. 또한 통신기술의 발전에 기초한 천년왕국적인 '지구촌 global village'의 건설을 설파하는 담론조차도 환상으로만 치부하지는 않았는데, 왜냐하면 나 역시 매일 밤 독일신문을 읽으며 지구화된 세상을 경험하고 있었기 때문이다. 결국 이는 기든스가 지구화의 핵심이라 강조한 '원거리 행위'의 심화 과정이 아닌가! 물론 지구화가 진행되면서 야기된 경제적 불평등, 사회적 긴장, 정치적 불안정에 주목하고 있는 내게 지구화는 훨씬 복잡한 과정을 의미했지만, 그럼에도 불구하고 지구화는 이미 내 생활의 일부로 느껴졌다.

하지만 58구의 시체가 발견되었다는 기사를 읽은 그날, 지구화라는 말 그 자체가 나를 무겁게 짓눌렀다. 물론 나는 그 전에도 오늘날 세계에는 거의 5천만 명에 달하는 난민들이 존재하며, 매년 그중의 수십만이 목숨을 걸고 제1세계로의 도약을 시도한다는 사실을 알고 있었다. 독일의 국경에서만 거의 매년 4만여 명의 밀입국자들이 검거되고, 섬이라는 지정학적 위치 때문에 더 많은 난민들이 몰리는 영국의 경우 사고가 일어난 도버 항에서만 지난해 2만여 명의 밀입국자들이 색출되었다는 기사를 읽은 적도 있다. 또한 이 밀입국이 종종 생명을 지불하는 사고로 연결된다는 사실 역시 새로운 소식은 아니었다. 그러나 58명의 죽음은 내게 큰 충격이었고, 그 희생자가 더욱이 아프리카나 동유럽 사람도 아닌 지구의 다른 편에서 건너온 중국인이었다는 사실에 더욱 놀랐다. 실로 나는 지구화의 현실에 다시 한번 경악했고, 내게는 다른 나라의 신문을 읽는 편안함이었던 지구화가 이들에게는 죽음의 덫이었다는 사실을 떠올렸다. 그리고 이 편안함과 죽음은 전혀 무관한 현상이 아니라, 지구화라는 복잡한 과정의 동시적 측면임을 상기했다.

그날 이후 나는 상당히 오랜 기간 중단했던 이 책의 집필 작업을 마무리하기로 마음먹었다. 설령 이 작업이 불완전하더라도 더 이상 미루기에는 지구화를 둘러싼 문제가 너무 긴박하다는 생각이 들었기 때문이다.

오늘 나는 다시 〈프랑크푸르터 룬트샤우〉에 접속했고, 그 첫머리에 실린 다음의 기사를 읽었다. "잔혹한 폭력 사태 때문에 두마를 탈출한 500여 명의 난민들을 실은 배가 폭풍으로 인해 인도네시아 몰루켄 섬 주변에서 침몰했다. 지금까지 생존자는 확인되지 않은 것으로 알려졌다."

'지구화' 또는 '세계화'는 더 이상 우리에게 낯선 단어로 들리지 않는다.[1] 불과 10여 년 전만 해도 우리 사회의 다수와는 무관한 것으로 간주되었던 이 단어는, 이제 어떤 의미로든지 우리의 일상 곳곳에 강력한 영향을 미치는 위력적인 개념으로 정착했다. 실로 많은 변화들이 지구화라는 이름 아래 진행되었는데, 그 변화들을 여기서 일일이 열거하자니 혼돈스럽기조차 하다. 언제부터인가 텔레비전에서는 〈지구탐험대〉, 〈세계는 지금〉 등과 같이 세계를 주제로 한 오락·교양프로그램들이 방영되기 시작했다. 대학생들의 해외배낭여행이나 동남아시아로의 신혼여행 붐 역시 지구화와 무관하지 않을 것이다. '세계화 시대에 영어는 필수'라는 구호 아래 샐러리맨은 물론 대학생, 초·중·고등학생, 하다못해 유치원 아이들에게서조차 영어 수강의 붐이 일었다. '한국경제의 신화'로 불리던 대우 재벌은 '대우가 만들고 세계가 탄다'는 야심찬 구호 아래 '세계경영'을 추진하다 스스로 쓰러졌다. 이 모든 변화는 또한 정치적으로도 축복받았는데, 일찍이 1995년 당시 대통령이었던 김영삼은 그해를 '세계화의 원년'으로 선포하기도 했다.

한국에 비해 더 강력한 대항 권력이 존재하고, 그 결과 민주주의적 합의가 제도화되어 있는 서유럽에서도 지구화라는 단어의 위력은 마찬가지였다. 1990년대 초반 이래 이 지역 대부분의 국가들에서는 바로 이 지구화라는 이름 아래 소위 '생산입지 논쟁'이 전개되었고, 과거에는 상상하기 어려울 정도의 임금 삭감 및 이른바 '노동시장의 유연화'가 추진되었다. 이 논쟁의 핵심은 다음과 같은 것이었다. 예컨대 독일의 자동차 산업은 지구화 시대에 한국산 자동차와 세계시장에서 경쟁해야 하는데, 한국에 비해 거의 세 배나 되는 독일의 임금 수준으로서는 승산이 없다는 것이 이 논쟁을 주도한 자들의 주장이었다. 따라서 독일이라는 '생산입지'를 유지하기 위해서는 급진적인 임금 삭감이 불가피하다고 이들은 지적했다. 물론 이 논자들은 중국에 비해 무려 50배가 넘는 높은 임금을 지불하면서도 독일에 여전히 섬유산업이 존재하는 이유를 밝히기는 꺼렸지만, 어쨌든 생산입지 논쟁을 통한 임금 삭감 공세는 효과적으로 드러났다.

지구화는 세계 곳곳에서 이처럼 막강한 영향력을 발휘하며 20세기 말 최대의 정치적 화두로 등장했다. 1980년대 후반 이래 지구화라는 개념은 사회과학계에 지속적으로 확산되었고, 1990년대에 들어서는 대중매체들의 유행어로까지 정착했다. 지구화는 근래 보기 드문 격렬한 논쟁을 불러일으켰으며, 논쟁의 참여자들은 마치 자신만이 지구화 철학을 갖고 있다는 듯이 지구화에 대한 다양한 견해를 제출했다.

지구화의 논쟁에서 우선 눈에 띄는 것은 지구화를 바라보는 대단히 대조적인 시각이다. 예를 들어 일련의 논자들은 지구화를 어느 누구도 회피할 수 없는 일종의 경제적인 강제로 파악한다. 이들에 따르면 지구화는 모든 국가들이 적응하거나 복종하지 않으면 안 되는 불가항력적인 과정으로, 이 적응에 실패하는 국가는 국제적 경쟁력을 상실하게 되고 경제적으로 도태되는 커다란 대가를 치러야 한다. 따라서 모든 국가들은 지구화라는 도전에 대응해야 하며, 이를 위해 정부는 물론 기업, 노동자 역시 경쟁할 준비를 갖추어야 한다는 것이 그들의 주장이다. 이와 같이 지구화를 모든 국가들을 관통하는 강제적인 과정으로 이해하는 시각은, 시장의 자유 및 기업에 대한 정부의 공급 중심적인 지원을 강조하는 오늘날 경제학의 주류 이론들의 지원을 받고 있다.[2]

그러나 이들과는 정반대로 지구화를 내용 없는 일종의 정치적 신화로 바라보는 시각이 존재한다. 이 견해에 따르면 자본주의의 전 지구적 재생산이라고 지칭할 수 있는 세계경제의 질적인 도약은 결코 일어나지 않았으며, 오늘날 지구화의 수준이란 기껏해야 제1차 세계대전 이전의 세계경제의 상황에 비교할 만한 것이다.[3] 또한 많은 논자들이 지구화의 징표로 제시하는 '지구적인' 교역과 직접투자의 확대 역시 실제 전 세계적으로 진행되기보다는 서유럽, 동아시아, 그리고 북미에 집중되어 일어나는 현상에 불과하다. 따라서 지구화라는 담론은 현실 변화를 정확하게 반추하는 것이 아니며, 오히려 국가의 공급 중심주의적 정책, 탈규제화, 임금 압박, 사회복지비용 삭감을 정당화하기 위한 신자유주의적인 정치적, 이데올로기적 공세라고 이들은 주장한다.

지구화란 도대체 무엇인가? 경제적 강제인가 아니면 정치적 신화인가? 왜 지구화에 대해 위와 같은 상반된 시각이 존재하는가? 도대체 어떠한 변화들이 지구화라는 개념 아래 포괄될 수 있는가? 진정으로 지구화란 단어에 걸맞은 과거와 구별되는, 새로운 변화는 무엇인가? 지구화는 20세기 자본주의 발전의 어디쯤에 자리잡을 수 있는가? 이 책은 바로 이러한 질문들에 답변하려는 노력이다. 우리는 지구화라는 이름 아래 통칭될 수 있는 정치경제적 변화를 20세기 자본주의의 발전이라는 역사적 관점에서 조망하게 될 것이다. 이 책의 구성은 다음과 같다.

우선 제1장에서는 지구화라는 개념을 정의하고자 시도할 것이다. 여기서 지구화가 한두 문장으로 정의될 수 없는, 대단히 복잡한 다차원적인 과정이라는 것을 알게 될 것이다. 그러나 또한 지구화는 1970년대 중반 이후 전 세계적으로 등장한 중요한 정치경제적 변화——국제금융시장의 팽창, 초국적기업의 부상, 세계경제의 지역화 등——와 관련이 있다는 사실에도 주목할 것이다.

제2장에서는 20세기 자본주의의 변화를 포드주의fordism라는 대단히 흥미롭고 유용한 개념을 통해 설명할 것이다. 이 장에서 우리는 포드주의가 무엇이며, 포드주의가 20세기 초반의 파국——세계경제대공황과 제2차 세계대전——과 어떤 관련이 있고, 또 포드주의가 어떤 정치적 조건 아래서 20세기 중반의 이른바 '자본주의의 황금시대'를 가능하게 했는지 알아볼 것이다.

제3장은 포드주의의 딜레마와 위기에 대한 논의에서 시작한다. 황금시대——제2차 세계대전 종전 이후 1974~75년

세계경제 위기까지──라는 20세기 자본주의의 '짧은' 번영기가 종식되었다는 것은, 수익성의 일반적 하락과 인플레이션의 확산을 통해 드러난다. 이 장에서는 포드주의의 위기의 원인들을 분석할 뿐만 아니라, 이 위기에 대한 대응으로 등장한 신자유주의적 프로젝트의 성격, 그리고 이 프로젝트의 주도 아래 형성된 포스트포드주의적 축적체제의 특징들을 알아볼 것이다. 나아가 지구화를 통한 자본의 합리화와 유연화가 이 신자유주의적 프로젝트의 핵심적 구성 부분임을 확인할 것이다.

제4장은 지구화가 가장 극적으로 진행되었을 뿐만 아니라 오늘날 지구화의 위험이 가장 명시적으로 드러나는 '금융지구화'로 알려진 국제금융시장의 팽창 문제를 다룬다. 이 문제에 대한 논의는 자본주의적 축적 과정에서 화폐의 기능과 역할에 대한 이해를 전제한다. 따라서 이 장에서의 서술은 어느 정도 이론적 색채를 띨 수밖에 없다. 약간의 정신적 긴장과 인내를 가지고 제4장을 읽어나간 독자들이라면, 금융지구화가 전 지구적 차원에서 통화주의적 길이 득세한 변화의 다른 표현임을 알게 될 것이다. 그리고 이 변화는 경제적 강제 또는 순수한 시장논리의 관철이라기보다는 포드주의적 축적체제의 위기 이후 등장한 신자유주의적·통화주의적 프로젝트의 정치적 승리의 결과임을 확인하게 될 것이다.

제 1 장

지구화란 무엇인가

개념 정의를 위한 시도

한 록가수가 본 지구화

무너지는 세계는 모든 이론들을 마비시키고
법들을 무너뜨리며
이윤욕에서 생긴 국경들은 명확한 경계선을 지우고
힘센 자가 이긴다는 사실을 제외하곤
모든 것을 불확실성 속으로
미친 듯이 날뛰는 문화들
기겁한 사상의 중심지들
건잡을 수 없는 대답들
우리는 무력하게 우리의 머리를 두드리지만
결국 아무것도 보이지 않는다
공간들은 점점 좁아지며
모든 질서들은 사라져간다
혼돈이 세계를 지배한다…
—Herbert Grönemeyer, "Chaos" (1993)

지구화가 갖는 엄청난 영향력에도 불구하고, 과연 그것이 지칭하는 정확한 내용이 무엇인지에 대해서는 매우 다양한 견해들이 제출되고 있다. 예를 들어 세계체제론적 입장에 선 이론가들은 기꺼이 마르크스를 인용하면서 지구화란 "자본의 개념 자체에 이미 직접적으로 존재하는 (⋯) 세계시장을 창출하는 경향"[4]이라고 정의한다. 그러나 이러한 정의는 곧바로 전혀 다른 차원에서 지구화를 바라보는 논자들의 비판에 직면한다. 이들은 지구화를, 예컨대 기든스와 같이 공간과 시간의 변형과 관련시킬 것이다. 이에 따르면 지구화는 자본의 논리라기보다는 전 지구적인 의사소통 수단 및 대중교통 수단의 신속한 확산을 통해 가능해진 '원거리 행위action at distance'의 심화 과정으로 이해된다.[5]

　일반 독자들에게 좀 더 친숙할 지구화의 개념은 더닝이 제공하고 있다. 그는 지구화를 주로 경제적인 과정으로, 요컨대 국경을 넘어서는 상호 작용의 형태들과 범위의 확장 및 이를 통한 경제적 상호 의존성의 심화로 파악한다.[6] 그러나 나르와 슈베르트에게 지구화는 경제적 상호 의존의 심화라기보다는 전 지구적인 불평등의 확산을 통한 세계경제의 위계화 과정이다. 그들은 《세계경제: 정치의 빈곤》이라는 잘 알려진 저서에서 다음과 같이 적고 있다. "지구화의 사회적 핵심은 불평등의 생산이다. 지구적인 파편화는 '올바른 경제정책'에 의해 극복될 수 있는 세계경제의 우연한 사건이 결코 아니다. 전 지구적인 생산, 서비스, 상업, 금융과정 들의 단일화의 반대편에는 이로부터 탈락된 자들의 수백만 번 찢긴 운명들이 놓여 있다. 이는 질적으로 완전히 다른 출발 조건에 놓여 있는 사람들, 기업들, 국가들이 경쟁하는 세계경제의 본질에 속하는 것이다. 이윤과 권력의 기준 외에는 어떤 다른 사회적 가치들도 효율성의 시험에서 인정되지 않는 상황 아래서 경쟁자들은 승리자와 패배자로, 포함된 자와 배제된 자로, 특권을 누리는 자와 권리를 박탈당한 자로 나뉠 수밖에 없다."[7]

여러 학자들이——희망적 또는 비관적으로——서로 다르게 강조하고 있는 지구화의 개별 특징들은 시공간적, 경제적, 정치적, 문화적, 생태학적, 의사소통기술적, 노동조직적, 시민사회적 등의 요소들을 포괄하고 있다. 따라서 지구화라는 개념이 대단히 다양한, 그리고 다차원적인 과정과 관련된 것이라는 것을 암시한다. 그러기에 벡은 지구화란 "가장 많이 사용되고 조작되며, 그리고 가장 정의하기 어려우며 오해하기 쉽고, 깊은 안개 속에 싸여 있지만, 그러나 정치적으로 가장 효력이 큰 단어"[8]라고 지적하고 있다. 따라서 많은 학자들이 그들의 저서에서 지구화를 한두 마디로 정의하기보다는, 지구화라는 과정 아래 이해할 수 있는 주요 특징들을 나열하고 있는 것은 우연이 아닌 듯이 보인다. 필자 역시 아래에서 지구화를 설명하려 시도할 것이다. 이 시도는 물론 지구화에 대한 새로운 정의를 추가하려는 것이 아니라 지구화라는 개념 아래 포괄될 수 있는 일반적 특징들을 지적하는 것을 목표로 한다. 여기서 필자의 관심은 지구화와 관련된 정치경제적 변화에 놓여 있으며, 특히 과거와 구별되는 오늘날 지구화의 특수한 질에 주목할 것이다.

우선 지구화는 국제적 경제 관계의 연결이 심화되는 과정이라고 얘기할 수 있다. 유럽의 경우, 이 과정은 식민주의적 팽창과 제국주의적 침략을 동반하며 지난 세기의 마지막 3분기에 관철되기 시작했고, 제1차 세계대전 시작 무렵까지 지속되었다. 그러나 세계대전 이후 경제적 교류는 둔화하며, 1930년대 초반 세계경제대공황을 계기로 급속히 퇴보했다. 국제적 경제 관계는 제2차 세계대전 이후 미국의 안정적 헤게모니 아래 다시 활성화되었고, 1970년대 말 이래 다양한 형태로 전개된다. 이러한 역사적 발전은 아래 〈표 1〉의 국내총생산과 세계교역량의 시기별 변화에서도 확인할 수 있다.

〈표 1〉 실질 국내총생산(세계) 및 세계교역량의 연평균 성장률(1870~1990)

시기	국내총생산	세계수출
1870~1913	2.7	3.5
1913~1929	2.3	2.2
1929~1937	0.8	-0.4
1950~1973	4.7	7.2
1973~1987	2.8	3.9

[출처: Elmar Altvater · Birgit Mahnkopf, *Grenzen der Globalisierung. Ökonomie, Ökologie und Politik in der Weltgesellschaft* (Münster: Westfälisches Dampfboot, 1996), 23쪽].

경제적 지구화 과정에는 ① 무역 ② 화폐, 외환, 신용, 자본의 교류 ③ 직접투자 ④ 생산, 연구, 개발에서의 경제적 협력과 동맹 ⑤ 새로운 형태의 투기적 행위 ⑥ 관광 ⑦ 노동이민 등이 포괄된다. 그렇지만 물론 이 요소들이 균등하게 발전하는 것은 아니다. 오늘날 금융 및 화폐·자본시장에서 지구화가 가장 진전되어 있고 무역과 직접투자가 그 뒤를 따르는 상황임을 감안해보면, 노동시장의 지구화가 가장 더디게 진행되었다고 할 수 있다. 오늘날 노동시장의 지구화는 유럽 등지에서 미국으로의 대규모 노동이민이 이루어졌던 19세기에 비해 오히려 퇴보했다고 해도 과언이 아니다.

지구화는 또한 선진자본주의 국가들에서 형성된 기술적 패러다임, 즉 노동의 조직·형태·방법·규범 들이 전 세계적으로 확산되는 과정이다. 제2장에서 자세히 논의하겠지만, 20세기를 특징짓는 기술적 패러다임은 포드주의라고 할 수 있으며, 바로 이 점에서 지구화는 '글로벌 포드주의'의 성립 과정이라 얘기할 수 있다. 물론 이 기술적 패러다임은 주변부 국가들에서 선진자본주의 국가들과는 전혀 다른 정치·사회·경제·문화적 관계 아래서 도입되고 모방된다. 예컨대 1970년대 한국에서와 같이 대량생산의 기술체계는 대단히 억압적인 정치적 상황 아래서 저임금과 장시간 노동이라는 혹독한 노동조건을 배경으로 발전할 수도 있다. 흔히 '유혈적 테일러주의bloody taylorism'라고 알려진 이러한 발전 모델은, 저임금의 결과 미발달한 국내 수요로 말미암아 세계시장에서의 성공을 공격적으로 지향한다. 우리에게도 잘 알려진 구호인 '수출만이 살길'이 되는 것이다.[9]

물론 선진 자본주의 국가들로부터 주변부 국가들로 유입되는 것은 기술적 패러다임만이 아니다. 선진국에서 정착한 소비양식, 자유시간의 활용방식, 대중문화 등 역시 전 지구적으로 확산되고 있으며, 특히 위성텔레비전이나 인터넷 같은 새로운 통신수단의 혁명과 함께 이 경향은 더욱 강화되었다. 500개 이상의 인공위성에서 쏟아지는 전파와 10억 개가 넘는 텔레비전에서 방영되는 화면——최소한 관념적으로는——은 범지구적인 생활방식을 실현했다. 더욱이 구동구권 '현존 사회주의' 체제의 붕괴와 더불어 세계시장으로부터 의도적으로 자신을 폐쇄하려는 국가는 존재하지 않는다는 사실은, 오늘날 자본주의 문명의 전 지구적 확산에 대해서 애기할 수 있게 한다.

그럼에도 불구하고 이 확산이 조화로운 것만은 아니며, 프란시스 후쿠야마가 주장했던 것처럼 '역사의 종언'을 의미하는 것은 더욱 아니다. 소비주의의 전 세계적 확산이 가져온 문화적 단조로움[10]은 차치하고라도, 새로운 소비에 대한 기대와 현실적 생활 수준의 불일치는 대부분의 주변부 국가들에서 사회적 긴장을 구성하는 중요한 원인들 중의 하나이다.

지구화와 관련해 제출된 다양한 견해에도 불구하고, 많은 학자들은 오늘날 지구화의 과정이 가장 급속히 진행된 곳으로, 또한 지구화의 문제점이 가장 전형적으로 드러나는 곳으로 국제금융시장을 꼽는 데 이견이 없다. 전 지구적으로 연결된 전자정보망을 통해 하루에도 수십 차례 빛과 같은 속도로 움직이는 거대한 화폐의 흐름은 '자유로운 무한 국경의 시장'이라는 말을 새삼 실감나게 한다. 국제금융시장은 24시간 전 지구적으로 연결되어 움직이면서 상상을 초월하는 규모의 엄청난 매출액을 기록하고 있다. 오늘날 세계적으로 이루어지는 하루 평균 무역액은 100억 달러를 겨우 상회하는 반면, 국제금융시장의 하루 매출액은 거의 3조 달러에 이르고 있다. 이러한 상황은 화폐의 움직임이 생산과 교역이라는 실물경제적 조건으로부터 자립했음을 보여준다고 할 것이다. 이러한 현실에 대해 호프만은 "지구화라는 유행어에 걸맞을, 오늘날 진행되는 국제화 과정의 진정 '새로운' 것은 화폐·금융자본의 국제화, 곧 화폐의 화폐로서의 해방 그리고 일종의 '카지노' 자본주의로의 이행"[11]이라고 지적한다. 우리는 제4장에서 금융시장의 지구화로 표현된 화폐적 운동이 자립화한 원인들에 대해 자세히 논의할 것이다.

어쨌든 1970년대 중반 이래 급속히 진전된 금융시장의 지구화는 한때 선진 자본주의 국가들에서 성공적으로 작동했던 케인즈주의적 경제·화폐·재정정책을 무력화했고, 1980년대에는 채무 위기를 통해 제3세계 대부분의 국가들을 경제적 정체 속으로 몰아넣었다. 국제금융시장의 영향력은 과거 동구권 현존 사회주의 국가들에게조차 파괴적인 것이었는데, 예컨대 구유고슬라비아의 붕괴의 이면에는 IMF에 의해 강요된 '개혁'이 일정한 역할을 수행하고 있었다. 금융시장의 지구화는 1990년대에 들어 더욱 강화되었고, 1992~93년의 유럽통화제도European Monetary System(EMS)의 위기, 1994~95년의 멕시코 위기를 통해 표출되었다.

금융시장의 지구화와 관련된 불안정이 결코 남의 이야기가 아님은 1997년 IMF사태를 맞으면서 한국 역시 뼈저리게 경험하게 된다. 원화의 대외가치는 정부의 의도 및 국내 시장 참여자들의 희망과는 무관하게 끝없이 추락했고, 국제금융시장의 평균이자율보다 훨씬 높은 금리를 지불하겠다는 한국 기업들의 호소에 해외 채권자들은 자금 동결 및 환수로 냉담하게 반응했다. 국제통화기금 역사상 가장 큰 액수인 570억 달러에 달하는 구제금융 지원은 소위 국가부도 사태를 가까스로 면하게 했지만, 지원의 대가로 받아들여야 했던 강제조항은 한국경제를 지금까지 경험하지 못한 깊은 위기 속으로 내몰았다. 대기업들의 파산, 중소기업들의 연쇄부도, 가파른 실업률의 상승 등을 통해 표현된 이 위기는 성장과 경제적 성공에 익숙해진 한국 사회의 새로운 전환점을 의미했음은 물론이며, '세계화'에 대한 장밋빛 환상을 여지없이 깨뜨렸다.

　한국의 IMF사태를 비롯하여 태국, 인도네시아를 휩쓴 '아시아 위기'는 전 지구적 자본주의의 가장 역동적인 성장 지역을 강타했다는 점에서 주목할 만한 것이지만, 금융시장의 세계화와 결부된 파괴적 영향력의 표현이라는 점에서 새로운 것은 아니다. 그럼에도 불구하고 아시아의 금융 위기가 러시아, 라틴아메리카로 급속히 확산되었다는 점은 오늘날 전 지구적인 금융대란의 가능성이 더 이상 이론에만 존재하는 문제가 아님을 여실히 보여주었다.

　무역, 직접투자 등 오늘날 경제적 지구화과정을 주도하고 있는 세력은 무엇보다 다국적 또는 초국적기업들이다. 무역과 직접투자는 물론 새로운 현상이 아니며, 제1차 세계대전 이전에도 꽤 높은 수준에 이르렀다. 그러나 당시만 하더라도 이 과정의 주역은 예컨대 동인도회사, 남만주철도회사와 같은 '민족적' 기업들이었다. 그런데 1960년대에 들어 강력한 '민족적' 개별기업들의 국제화가 진행되었고, 그 와중에서 오늘날 지구화의 주역으로 불리는 다국적 또는 초국적기업들이 탄생했다. 특히 몇몇 초국적기업들의 경우 국제적인 자본 결합이 대단히 능동적으로 진행된 결과, 예를 들어 다임러 – 크라이슬러 Daimler-Chrysler처럼 국적을 구분하는 것조차 애매하게 된 경우도 있다. 오늘날 상당수의 초국적기업들은 세계 곳곳의 자회사들로 구성된 전 지구적인 영업망을 통해 '공급 친화적인' 생산지적 이점을 최대한 활용하는 전략을 구사한다. 주요 시장에 근접한 생산지의 확보, 저렴한 원료의 지속적인 공급, 그 밖에 싼 노동력, 사회하부구조, 세제 혜택 등의 활용은 이 전략의 핵심적인 구성요소들이다.

초국적기업을 3개국 이상에 걸쳐 사업장을 가지고 있는 기업으로 정의하고 있는 유엔무역개발회의(UNCTAD)의 한 보고서에 따르면, 1994년 초국적기업의 수는 38,747개에 이르고 있다.[12] 이 기업들은 265,551개의 자회사들을 거느리고 있으며, 전 세계무역의 3분의 2를 점유하고, 그중 약 절반을 콘체른 내부 네트워크를 통해 달성하고 있다. 1960년대 초반 초국적기업들의 자회사들이 불과 3천5백여 개에 불과했다는 사실을 기억할 때, 지난 30년 동안 초국적기업들의 팽창은 괄목할 만한 현상이라 할 것이다. 이들 초국적기업들 내부에서도 양극화는 두드러져, 특히 상위 100대 초국적기업들은 1993년을 기준으로 3조 4천억 달러에 이르는 설비자본을 보유하고 있으며, 연간 5조 5천억 달러——미국의 국내총생산에 버금가는——의 매출액을 기록하고 있다.[13]

이들 초국적기업의 영업 활동은 생산, 서비스, 무역 등 실물 부문에서는 물론, 많은 경우 다양한 형태의 투기적 행위들을 포괄하는 금융 부문에서도 이루어지고 있다. 독일의 유명한 전기·전자기업인 지멘스는 흔히 '지멘스 은행'으로 불릴 정도로 현금, 유가증권 등 유동성관리가 차지하는 비중이 크다. 또 다른 예로 고급 승용차, 트럭 부문에서 세계시장을 선도하는 다임러-벤츠(다임러-크라이슬러의 전신)는 1994년 승용차 판매에서 수백억 원의 적자를 기록했지만, 이것은 유동성관리로부터 흘러나온 이자와 투기이윤 등 영업외 이익의 흑자로 메워졌다.

그러나 지구화는 전 지구적으로 균일하게 관철되는 과정이라기보다는 오히려 지역적으로 편중되어 진행되는 현상이다. 무역의 경우를 예로 든다면, 전 세계무역의 40% 이상은 서유럽 지역, 25% 정도는 일본 및 동아시아의 신흥공업국을 중심으로 한 동아시아 지역, 그리고 나머지 약 20%는 북미 지역에서 이루어진다.[14] 세계의 나머지 지역, 특히 아프리카는 이 무역의 흐름에서 거의 차단되어 있다. 지구화의 한 징표로서 무역의 확대는 대부분 선진공업국가들 간 또는 이들과 신흥공업국들 사이의 교역이 진전된 결과이며, 여기서도 다시금 서유럽, 북미, 일본·동아시아 세 지역 내부에서의 교역 집중이 두

드러지게 진행되었다. 예를 들어 유럽연합(EU)의 역내 시장에서 이루어지는 교역은 대부분 유럽연합에 속한 국가들 사이에서 이루어지며, 비유럽지역 국가들의 수출이 차지하는 비중은 겨우 8%에 불과하다.[15]

이와 같은 경제 교류의 지역화[16] 또는 서유럽, 북미, 일본·동아시아 세 지역으로의 삼극화 현상은 다른 통계를 통해서도 확인할 수 있다. 위 세 지역의 국가들은 1990년대 초반 달러로 환산해 세계총생산의 80%를 점유하고 있다. 또한 직접투자에서도 선진공업국가들의 비중은 압도적인데, 1993년의 경우 전 세계 직접투자의 76%가 선진공업국가들에서 이루어졌으며, 개발도상국들로는 투자액의 불과 23%만이 흘러들어갔다(이 중 80%는 다시 신흥개발도상국 10개 국들에 집중되어 있다). 나아가 모든 직접투자의 80% 이상은 선진7개국 정상회담(G7)에 속하는 기업, 은행, 개인들로부터 나온 것이다.[17] 결국 "70년대와 80년대의 지구화 과정들에는 모든 지역이 동등하게 참여한 것이 아니라 주로 지역 블럭들 또는 삼극Triade이 참여한 것이다."[18] 따라서 지구화는 동시에 지역화의 과정이라고 얘기할 수 있다.

지구화는 자본주의적 시장경제의 본질적인 경쟁 과정을 매개로 진행된다. 정부는 기업에 대한 다양한 공급 지원정책을 통해 생산입지로서 자국의 위상을 높이기 위해 경쟁하며, 기업은 기업대로 시장, 생산성, 비용 등에서 가장 유리한 생산입지를 확보하려 경쟁한다. 이 경쟁은 궁극적으로 더 많은 이윤 및 높은 시장점유율로 표현되는 경제적 지배를 목표로 하고 있다. 그런데 이 경쟁에 참여하는 국가들의 과학기술 수준 및 생산적 이노베이션 능력, 자연적·인적·교육적 자원의 확보 여부, 그리고 화폐적, 자본 형태적, 사회하부구조적 경제 자원의 특성 등은 대단히 상이하다. 따라서 지구화는 전 세계적 규모에서 국민경제의 위계화를 필연적으로 동반할 수밖에 없다.

생산, 무역, 직접투자 등은 경제적, 기술적 능력이 있는 특정 지역 또는 국가들로 집중되며, 이 흐름에서 배제된 국가들의 빈곤은 더욱 심화된다. 실제 지난 20년 동안 세계총생산액은 4조 달러에서 23조 달러로 늘었음에도 불구하고, 같은 기간 빈곤층의 숫자 역시 20% 이상 증가했다. 가장 빈곤한 인류의 5분의 1은 1960년만 하더라도 세계소득의 4%를 점유했지만, 이 비율은 1990년에 1%로 줄어들었다. 반면 오늘날 지구의 초특급부자 358명의 재산의 합은 인류의 거의 절반이 처분할 수 있는 소득 전체를 능가한다. 이 어마어마한 전 지구적인 부의 불평등은 다음과 같은 참혹한 수치에서도 읽을 수 있다. 오늘날 지구에는 매일 평균 3만 5천 명의 어린이들이 홍수나 태풍과 같은 자연재해 때문이 아니라, 재원만 있다면 충분한 예방과 치료가 가능한 질병들(말라리아, 천연두, 파상풍, 천식 등)에 의해 죽어가고 있다. 단 이틀 동안에 전 세계적으로 죽어가는 아이들의 수는 미국이 베트남전쟁에서 치른 인명 희생(5만 8천 명)보다 훨씬 많다.[19]

앞에서 지적한 경쟁에도 불구하고, 과거와 달리 오늘날 지구화 과정의 중요한 특징은 이를 담당하는 세계시장적 기구가 존재한다는 사실이다. IMF, 세계은행Worldbank, 세계무역기구(WTO) 등과 같은 제도화된 장치가 여기에 속할 것이며, 비형식적이지만 더 큰 권력을 가지고 있으면서 반년에 한 번씩 열리는 G7도 지적되어야 한다. 이와 같은 기구들의 존재가 물론 지구화 과정이 동반하는 긴장과 사회적 분열을 완화하지는 못한다 할지라도, 최소한 극적인 파국을 막고 있다는 점은 주목할 만하다. 예컨대 국제통화기금이 존재하지 않았더라면, 인류는 전 세계적인 금융공황을 벌써 여러 차례 경험했을 것이다. 또한 G7을 통한 정치적 협력과 타협이 없었다면, 강대국들 간의 무역 마찰은 20세기 초반과 같은 군사적 갈등을 동반한 제국주의적 경쟁으로 변모했을지도 모른다.

마지막으로 지구화는 자본측에 유리한 경제정책을 일상화하려는 일종의 정치적 프로젝트라고 할 수 있다. 바로 이 점에서 지구화는, 앞으로 자세하게 논의할 포드주의적 축적체제의 위기에 대해 자본의 활성화로 대응하려는 신자유주의적 프로젝트의 내용이자 동시에 결과라고 할 수 있다.

그러나 신자유주의적 지구화는 이미 지적한 전 세계적 차원에서 부의 양극화 현상뿐만이 아니라, 선진자본주의 국가들 내부에서도 놀랄 만한 사회적 불평등의 증대를 가져왔다. 예를 들어 유럽연합 국가들의 경제는 지난 20년 동안 인구 증가 속도보다 빨리 성장했다. 그 결과 이들 사회는 50%부터 70%까지 더 부유해졌음에도 불구하고, 약 2천만 명의 실업자, 거의 5천만 명에 이르는 빈곤계층, 그리고 약 5백만 명의 집 없는 사람들이 존재한다. 풍요 속의 빈곤은 역설적이게도,

유럽연합이 구호로 내건 '사회적 유럽'의 한 단면으로 자리 잡았다. 그렇다면 도대체 새롭게 창출된 부는 어디로 간 것일까? 미국의 변화를 살펴보면 이 질문에 쉽게 답할 수 있다. 지난 20년 동안 미국에서 새롭게 창출된 부의 96%는 상위 10%의 부자들에게 귀속되었다.[20] 지난 20년 동안 미국의 분배 관계는 다음과 같은 변화를 보인다.[21]

① 1995년 미국 전체 남자 사무직 노동자와 생산직 노동자들은 1973년보다 시간당 11%씩 적게 벌고 있다.

② 같은 기간 미국의 1인당 국민총생산액은 3분의 1이 올랐지만, 전 노동인구의 4분의 3에 해당하는 모든 노동자의 평균 총임금은 오히려 19%나 떨어져 단지 주당 258달러에 머무르고 있다.

③ 임금 하락은 특히 저소득계층을 타격했고, 1995년 미국 하위 3분의 1의 노동자들은 20년 전보다 25%나 적은 임금을 받고 있다.

④ 반면 최고 부유층 만 명은 오늘날 미국 내 전체 사유재산의 3분의 1을 소유하고 있다.

⑤ 대기업 고급 경영자들의 소득은 1979년 이래 약 66%나 올랐다. 1980년에 그들은 사무직 노동자들보다 평균 40배나 많은 임금을 받았지만, 오늘날 그 비율은 1:120에 이른다.

지금까지 간략하게나마 지구화와 관련된 오늘날 세계의 주목할 만한 정치경제적 변화를 지적했다. 지구화의 개념을 정의하려는 우리의 시도가 물론 성공적으로 끝나지는 않았겠지만, 이는 무엇보다 지구화 자체가 한두 문장으로는 도저히 정의될 수 없는 대단히 복잡한 과정이라는 사실에 기인한다. 이제 우리의 관심을 조금 돌려보자. 지금까지 지적한 이러한 변화는 도대체 왜 일어났는가? 우리는 지구화를 20세기 자본주의 발전의 어디쯤에 둘 수 있을 것인가?

제 2 장　　　자본주의의
황금시대와
포드주의

한 록가수에게 비친
자본주의의 황금시대와 포스트 황금시대

자본주의의 황금시대가 막 끝났을 때

하늘은 우리를 저 길 끝에서 기다리고 있소
이리 와 내 손을 잡아주오
오늘 밤 우리는 이 약속의 땅을 획득할 것이오(…)
나는 승리하기 위해서 여기를 떠나려 하오
—Bruce Springsteen, "Thunder Road" (1975)

황금시대 종식 20년 후

다리 밑 모닥불 위의 뜨거운 국물
구석을 빙 둘러친 철조망들
새로운 세계질서에 오신 것을 환영합니다(…)
집도, 일자리도, 평화도, 휴식도 없는 곳
—Bruce Springsteen, "The Goast of Tom Joad" (1995)

역사학자 에릭 홉스봄은 《극단의 시대》에서 20세기를 '짧은 20세기'로 지칭했다.[22] 그는 이 위대한 저작에서 20세기를 파국에서 위기로 치닫는 그야말로 숨쉴 틈 없는 격동의 세기로 추적하고 있다. 학살의 시대를 열었던 제1차 세계대전, 볼셰비키혁명의 성공과 스탈린주의의 득세, 자유주의의 위기와 파시즘의 대두, 자본주의적 경제질서에 근본적 회의를 던진 세계경제대공황, 5천만의 인명이 학살된 제2차 세계대전으로 이어지는 금세기 초반을 파국의 시대로 이해하는 데는 특별한 역사적 혜안이 필요하지 않을 것이다. 그러나 20세기의 마지막 부분 역시 홉스봄에게는 해체, 불확실성, 세기말적인 우울증으로 특징지어지는 위기의 시대이다. 이 위기는 과거 소련 및 동구권의 현존 사회주의 국가들에게는 체제 붕괴라는 파국으로, 선진자본주의 국가들에게는 '영원한 번영의 짧은 꿈'을 무너뜨리는 축적 위기로, 그리고 제3세계 대부분의 국가들에게는 경제적 정체와 채무 위기로 표현되었다. 이처럼 20세기는 파국에서 시작하여 위기로 끝난 암울한 세기였고, 이러한 비관적 판단은 비단 이 노학자의 회의에서 비롯된 것만은 아닐 것이다.

그러나 20세기는 또한 예외적인 시기를 중간에 끼고 있는 일종의 '역사 샌드위치'라고 할 수 있다. 이 중간기는 제2차 세계대전 종전 이후 1974~75년 세계경제위기까지의 25~30년간의 짧은 시기를 말하는데, 많은 학자들은 이를 '자본주의의 황금시대'라고 지칭한 바 있다. 황금시대는 이미 단어가 암시하듯이, 그 어떤 자본주의의 역사적 시기보다 괄목할 경제 성장, 정치적 안정, 사회적 변화로 특징지어진다. 자본주의의 황금시대의 정치경제에 대한 이해는 최소한 다음과 같은 세 가지 차원의 분석을 요구한다.

첫째, 자본주의와 공산주의 간의 체제 경쟁과 냉전이라는 세계질서적인 틀의 독특함을 고려해야 한다. 평화는 황금시대의 중요한 전제였는데, 바로 냉전은 이데올로기를 무력하게 만들 정도의 많은 무기들로 세계를 가득 채움으로써 역설적으로 전쟁의 가능성을 크게 줄였다. "냉전의 독특성은 객관적으로 말해서 세계전쟁이 곧 일어날 위험이 전혀 존재하지 않았다는데에 있었다."[23] 요컨대 전쟁은 그것이 초강대국 간의 핵전쟁을 촉발할지도 모른다는 우려에 의해서 통제되거나 억제되었고, 이와 같이 얼어붙은 국제 상황은 역설적으로 지속적인 평화와 이에 기반한 황금시대를 가능케 했다.[24]

둘째, 자본주의 진영 내부에서도 미국이라는 강력한 헤게모니국가의 존재는 체제 내부의 갈등을 최소화했다. 미국의 헤게모니는 군사적 강제력(핵우산 및 압도적으로 우월한 군사력)과 정치적 지도력(다양한 형태의 안보기구들과 쌍무 조약들)에서는 물론, 경제적 양보(경제 원조 및 시장 개방)와 문화적 매력(자가용, 엘비스 프레슬리, 코카콜라 등으로 표현되는 미국식 생활방식)[25]을 통해서도 유지되었다. 또한 황금시대는 미국의 압도적인 경제적 우월성[26]에 기초한 달러 지배의 국제경제질서로도 이해될 수 있는데, 이는 자유무역, 자본의 자유

이동 그리고 안정적인 국제통화질서의 구축을 가능하게 하였다.

셋째, 자본주의의 황금시대는 국민국가 차원에서도 대단히 독특한 축적체제[27] 또는 성장모델을 발전시켰다. 금세기 초반 이탈리아의 마르크스주의자 안토니오 그람시의 예리한 통찰에 의해 포드주의라고 이름지어진 이 주목할 만한 경제성장 구도를 우리는 이 장에서 분석할 것이다. 그런데 제3세계 대부분의 국가들은 자본주의의 황금시대와 무관했고, 따라서 포드주의의 수혜자 역시 우선적으로 선진자본주의 국가들이었다. 이 나라들은 황금시대 기간 내내 전 세계 생산고의 약 4분의 3과 전 세계 공산품 수출액의 80% 이상을 점유했고, 그 어떤 역사적 시기보다 역동적인 경제 성장을 달성할 수 있었다. 자본주의의 황금시대 기간의 제3세계의 문제, 그리고 포드주의의 위기를 통해 비로소 세계시장의 전면에 등장할 수 있었던 신흥공업국가들(NICs)의 축적체제에 대한 분석은 이 장에서 다루지 않는다.

우리는 다음과 같은 질문들로부터 자본주의의 황금시대와 포드주의에 대한 분석을 시작할 수 있을 것이다. 1930년대 초반의 세계경제대공황으로 표현된 자본주의의 근본적 실패는 어떻게 황금시대의 번영으로 전환될 수 있었는가? 반동과 파시즘의 배경이었던 사회적 불안정은 어떤 정치적 조건들 아래서 황금시대의 안정으로 반전할 수 있었던가? 포드주의란 무엇인가? 포드주의는 어떻게 자본주의의 황금시대를 가능하게 했는가?

1. 기술적 패러다임으로서 포드주의

1929년 10월 24일, 뉴욕증권거래소의 주가 폭락으로 시작된 세계경제대공황은 자본주의 역사상 가장 충격적인 에피소드였으며, 20세기 역사의 결정적인 전환점이었다. 이 "경제 붕괴가 없었다면 확실히 히틀러도 없었을 것이고, 루스벨트도 없었을 것이다. 소련체제가 세계 자본주의에 대한 만만치 않은 경제적 맞수이자 대안으로 간주될 가능성은 지극히 낮았을 것이다. 비유럽 세계나 비서방 세계에서의 경제 위기의 결과는 분명히 극적인 것이었다. 요컨대 경제 붕괴의 충격을 이해하지 않고는 20세기 후반의 세계를 이해할 수 없다."[28]

홉스봄의 지적처럼 만약 세계경제대공황이 없었더라면, 경제적 자유주의는 그 후 반세기 동안 그렇게 몰락하지도 않았을 것이고, 따라서 축적체제로서 포드주의도 성립하지 않았을 것이다. 그러나 동시에 세계경제대공황은 기술적 패러다임으로서 포드주의가 가져온 1920년대 생산성의 상승과 이에 턱없이 뒤처지는 대중수요의 격차가 가져온 긴장의 폭발이기도 했다. 따라서 기술적 패러다임으로서의 포드주의는 세계경제대공황의 한 원인이었으나, 축적체제로서의 포드주의는 대공황의 파국을 경험하고서야 정착할 수 있었던 것이다.

일단 포드주의라는 개념은 기술적 패러다임과 축적체제라는 두 가지 측면으로 구분해 설명할 수 있다. 물론 축적체제는 기술적 패러다임을 포괄하는 상위개념이지만, 그럼에도 불구하고 이와 같은 구분은 분석적 차원에서 여러 모로 유용하다.

또한 역사적으로도 기술적 패러다임으로서 포드주의가 먼저 등장했고, 이 기술적 변화와 더불어 등장한 정치경제적 긴장을 해결하려는 시도가 축적체제로서 포드주의를 성립시켰다고 얘기할 수 있다.

우선 기술적 패러다임——즉 노동분업의 체계 또는 좁은 의미의 생산방식——의 측면에 주목한다면, 포드주의는 테일러주의라는 혁명적인 노동재편양식의 완성으로 이해될 수 있다. '과학적 관리'로 알려진 테일러에 의한 노동의 새로운 조직원리는 노동 과정에서 노동자집단의 숙련을 박탈하려는 시도였는데, 그 핵심은 구상·편성의 노동 활동을 실행·생산의 노동 활동으로부터 분리하는 것이었다.[29] 요컨대 테일러주의는 숙련을 요구하는 작업들을 단순하고 엄밀하게 통제되는 작업들로 파편화시킴으로써 숙련노동자들의 존재를 불필요하게 만들었다.[30] 그 결과 기존의 숙련공/비숙련공이라는 구분을 대신하여, 구상을 담당하는 기술자와 실행에 종사하는 단순기능공이라는 집합체가 나타났다. 동시에 생산관리가 대폭적으로 경영자측으로 넘어가면서 관리직 계층이 출현했다. 기존 노동자의 숙련은 이제 '과학적 관리'라는 방법을 통해서 기술자——공업대학 등에서 전문 교육을 받은——에게로 체계화되었고, 노동자집단의 노동은 감시와 통제 아래 놓인 단순기능노동으로 축소된 것이다.

이러한 상황을 한층 진전시킨 것이 포드주의적 노동 과정이다. 포드주의적 노동원리는 기존의 숙련을 체계적으로 자동기계 시스템으로 통합시키며, 이 기계 시스템에 의존하여 일관생산방식을 실현한다. 찰리 채플린이 〈모던 타임즈〉에서 희화적으로 묘사했듯이, 이제 기계 시스템은 노동의 주체성을 완전히 박탈하면서 노동자의 '주인'으로 등장하게 된 것이다. 포드주의적 생산방식은 다음과 같은 두 가지 원리의 결합에 의해 테일러주의를 심화·완성했다.[31]

첫째, 노동과정의 여러 부분들이 컨베이어장치——노동대상을 각 공작기계에 이동시키는——와 운전장치의 체계에 의해 통합되면서 일관생산공정이 가능하다. 이 일관생산공정은 이동하기에 무겁거나 어려운 또는 작업하기에 위험한 자재를 이동시키는 데에 드는 시간을 감소시켰을 뿐 아니라, 작업 중인 재료가 일직선으로 흐르는 이른바 '흐름공정'을 가능하게 했다. 이 흐름공정의 관철은 부품 규격의 표준화를 동반했고——그렇지 않을 경우 컨베이어장치 전체가 멈추게 된다——이 표준화는 선행 공정의 관련 산업들에까지 일관생산공정을 침투시켰다.

둘째, 노동자는 이제 한 직무에 고정되고 노동자의 배치는 완전히 기계장치의 성격에 의해 결정된다. 또한 기계장치의 획일적 운동이 전체 집단의 작업 리듬을 결정하기 때문에, 개별 노동자는 자신의 작업 리듬에 대한 통제권을 완전히 상실하게 되었다. 이러한 노동조직원리는 노동자의 직무 자율성을 완전히 박탈하고 노동자의 개별적 태업을 불가능하게 한다. 노동자의 동작 주기 역시 테일러주의에 비해 더욱 파편화됨으로써, 몇 가지 아주 간단한 기본 동작을 반복하는 식의 직무단순화가 이루어졌다. 나아가 이 단순화의 형태 역시 구상과 편성을 담당하는 기술자·생산 관리 담당자들에 의해 입안되며, 바로 이들이 제조공정을 개선하고, 기계장치를 수정하며, 새로운 직무를 고안해낸다. 노동자의 통제에서도 기존의 위계적인 대인(對人)적 명령체계가 경영측의 생산 과정에 대한 직접 통제로 대체되었다.

노동의 극도의 단순화 및 이 단순노동의 일관생산공정으로의 결합은 노동자를 생산과정체계로 완전히 종속시킴으로써, 노동의 자본으로의 '실질적 포섭'을 완성했다. 노동자는 노동력의 판매와 더불어 법적·형식적으로만 자본에 종속된 것이 아니라, 이제 노동과정에 대한 통제능력조차 박탈당함으로써 자본에 실질적으로 종속된 것이다. 이는 작업장의 권력 관계에서의 커다란 변화를 의미했다. 노동자들이 숙련을 보유하고 있는 한, 그리고 그 숙련이 쉽게 대체될 수 없는 노동자들은 작업장 내에서 일종의 암묵적인 권력을 행사할 수 있었다. 그러나 노동자들로부터 숙련을 박탈한 것은 이 암묵적 권력의 토대를 붕괴시켰고, 작업장 내의 권력관계에 중요한 변화를 야기했다. 노동자들은 이제 작업장에서 빼앗긴 권력을 계급적 연대를 통해 작업장 밖에서 되찾지 않으면 안 되었던 것이다.

1910년대 초반, 미국의 포드 자동차공장에서 최초로 도입된 이 새로운 생산방식은 노동을 탈숙련화시켰음은 물론, 노동의 규율화 및 노동강도의 강화라는 차원에서도 새로운 장을 열었다. 그럼에도 불구하고 이 생산방식의 도입은 포드 자동차공장에서조차 그렇게 간단한 것이 아니었다. 노동자들은 견딜 수 없을 만큼 지루한 노동을 경험하고는 이 공장에 좀처럼 오래 머물지 않았던 것이다. 포드 자동차공장은 1913년 한 해 동안 만 5천 명의 노동인력을 유지하기 위해 5만 3천 명의 노동자들을 고용해야 했다. 포드는 1914년 그 유명한 '하루 5달러' 임금계약을 도입했는데, 이는 바로 노동자들의 이직을 막기 위한 것이었다. 하루 5달러는 이전 임금에 비해 두 배 이상의 파격적인 것이었고, 이 높은 임금은 노동자의 이직률을 극적으로 감소시키는 데에 성공했다. 1914년 이후에 이직률은 연간 0.5% 이하로 떨어졌다. 한편 이직률의 감소는 노동의 강화를 통해 더욱 규율 잡힌 생산조직을 구축하게 했으며——그 결과 임금비용의 상승에도 불구하고 당시 포드 'T모델'의 생산비용은 17%나 감소했다——다른 한편 높은 임금은 상대적으로 부유한 노동자층을 창출하여 대량생산된 T모델에 대한 새로운 시장을 제공했다.[32] 노동자들이 자가용을 소유하는——당시 미국을 줄지어 견학한 유럽의 노동운동 지도자들을 경악시킨——엄청난 변화가 시작된 것이다.[33]

높은 생산성과 높은 임금을 연계시킴으로써 향후 대량생산과 대량소비의 결합의 원형을 제공한 포드 공장의 실험은 대단히 성공적이었지만, 당시 미국의 상황에서도 여전히 예외적인 것이었다. 한편 자본주의적 경쟁의 논리는 포드주의적 생산체계를 급속히 확산시키고 있었는데, 다른 한편 바로 그 동일한 경쟁의 논리 때문에 포드주의적 임금체계는 매우 더디게 관철되었다. 왜냐하면 임금은 기업에게 비용이며, 모든 기업은 시장에서의 성공을 위해 임금 삭감을 포함한 모든 형태의 비용 절감에 관심을 갖기 때문이다. 더욱이 새로운 생산체계가 일반화되면 될수록, 기업으로서는 더 이상 높은 임금을 지불할 이유가 사라졌다. 비용 절감(임금 삭감)이라는 개별 기업의 합리적 선택은, 전체 경제적 차원에서는 실질수요의 삭감이라는 비합리성으로 역전됨과 동시에 새로운 노동조직원리의 어마어마한 생산성 상승의 위력과 함께 인류가 지금까지 경험하지 못한 엄청난 경제 위기를 준비하고 있었다.

포드 공장에서 포드주의가 시작되었듯이, 1920년대 초반 미국의 가장 포드주의적인 산업은 자동차산업이었다. 미국의 자동차 생산량은 1923년 4백만 대 선에 이르렀고——그중 약 90%가 승용차였다——1929년에는 약 540만 대까지 증가했다.[34] 이는 제1차 세계대전 전 포드주의가 처음 도입되었을 때에 비해 무려 열한 배가 늘어난 수치이다. 이와 같이 비약적인 생산성의 상승은 철강, 유리, 금속, 고무산업 등 자동차산업과 관련된 산업들에서도 이루어졌으며, 다른 산업 부문들로 확장되었다. 1920년대 중반에 들어서는 대서양을 넘어 유럽에서도 이 새로운 생산방식이 관철되기 시작했다.

그런데 문제는 포드주의적 생산체계가 가져온 거대한 일반적 생산성의 상승에 의해 공급은 지속적으로 팽창하고 있었던 반면, 수요는 상대적으로 정체하고 있었다는 사실이다. 포드주의의 고향인 미국에서조차 1920년대 번영의 토대는 대단히 취약한 것이었다. "그곳에서 농업은 이미 사실상 불황에 빠졌고, 화폐임금은 위대한 재즈시대라는 신화와는 반대로 극적으로 오르지 않았으며, 호황이 극에 달한 마지막 몇 년 동안에는 사실상 정체되었다."[35] 임금이 정체된 상황에서 이윤이 지나치게 상승하는 것은 부자들에게 국민소득의 더 큰 부분을 가져다줌으로써 투기적 경향을 강화하지만,[36] 이는 중대한 국민경제적 딜레마를 의미한다. 왜냐하면 부자들의 수요는 한정된 것이기에——새로운 사치재 구입의 국민경제적 연관 효과는 대단히 제한적이다——대중수요의 정체와 더불어 과잉생산의 문제가 등장할 수밖에 없기 때문이다. 미국의 경우 1920년대 소비자신용의 엄청난 확대를 통해 수요 문제를 해결하려 시도했지만,[37] 이는 실질임금소득이 함께 상승하지 않는 한 문제를 더욱 첨예화할 뿐이었다. 결국 포드주의적 생산체계가 가져온 어마어마한 생산성의 상승——즉 공급의 확장——과 이에 턱없이 뒤쳐진 대중수요 간의 거대한 격차는 세계경제대공황으로 격렬하게 폭발하게 되었다.

2. 케인즈주의와 포드주의적 축적체제의 발전

1929년 10월 24일 뉴욕주식시장의 붕괴를 신호로 시작된 세계경제대공황은 그 격렬함으로 보아 역사상 유례가 없는 사건이었다. 미국의 공업생산고는 1929년에서 31년 사이 약 3분의 1이 줄었다. 미국의 국민총생산은 1929년을 100으로 할 때 1933년 69.5에 불과했고, 1939년에서야 1929년 수준을 회복한다. 1929년 3.2%에 불과했던 미국의 실업률은 1933년 무려 24.9%에 이른다.[38] 공황의 파장은 또한 전 세계적이었다. 주요 농산물의 가격 하락과 더불어——차와 밀의 가격은 3분의

2만큼, 생사의 가격은 4분의 3만큼 하락했다——농산물 위기가 발생했는데, 이는 아르헨티나, 오스트레일리아, 브라질, 캐나다, 이집트, 인도, 멕시코, 베네수엘라 등 농산물 수출국가들의 경제를 붕괴 직전으로 몰고 갔다. 일본은 견직물의 90%를 미국에 수출했는데, 하루아침에 그 시장이 사라졌다. 세계경제대공황이 절정에 이르렀던 1932~33년에 영국과 벨기에 노동인구의 23%, 스웨덴의 24%, 오스트리아의 29%, 노르웨이의 31%, 덴마크의 32%, 그리고 독일 노동인구의 44%가 실업자였다.[39] 세계총생산은 급격히 감소했으며, 세계무역은 더욱 빠른 속도로 축소되었다. 1933년의 세계무역은 1929년에 비해 약 3분의 1로 줄어들었다. 1931년 영국은 자신의 경제적 정체성의 핵심이었던 자유무역을 포기했고, 금태환 정지를 선언했다. 독일과 일본 역시 같은 해 금태환 및 금수출을 정지시켰고, 1933년에는 미국이 뒤따랐다. 1936년까지는 벨기에, 네덜란드, 프랑스도 이에 합류함으로써 안정적인 국제적 교환의 토대로 간주되었던 금본위제가 붕괴되었다.

세계경제대공황은 경제적 자유주의를 종식시켰고, 세계를 적대적인 경제·통화블록들로 분열시켰다. 또한 대공황의 결과, 세 가지 상이한 정치적 프로젝트들이 경쟁하고 있다는 사실이 명확히 드러났다.

그 첫 번째는 소련식 현존 사회주의의 모델로, 강력한 중앙집중적인 국가계획에 의해 시장을 폐지함으로써, 자본주의적 공황의 가능성을 원천적으로 봉쇄했다. 이 발전 모델의 경제적 비효율성은 이후 점차 드러났지만, 당시만 해도 "어쨌든 마르크스의 예언이 실현되고 있는 것 같았으며, 그보다 훨씬 더 인상적인 것은 소련이 그 (공황의) 재난을 면한 것으로 보였다는 점이다."[40]

두 번째는 '보이지 않는 손'의 신화를 버리고, 시장에 더욱적극적인 개입을 시도한 일종의 개혁된 자본주의의 길이 등장했다는 것이다. 이후 케인즈주의로 알려진 이 길은 세계대전이 끝난 후, 미국은 물론 서유럽에서도 포드주의적 축적체제로 정착했다. 케인즈는 1936년 《고용, 이자 및 화폐의 일반이론》[41]을 발표함으로써 이 프로젝트에 이론적 기초를 제공했다.

마지막으로 파시즘의 길이다. 공황은 파시즘을 세계적 운동, 더 정확히 세계적 위험으로 바꾸어놓았다. 인류 역사상 최대의 야만으로 기억될 독일의 파시즘은 그러나 대공황을 다루는 데 만큼은 대단히 효율적이었다. 1933년 히틀러가 권력을 장악할 당시 5백만에 육박했던 실업인구는 1936년 160만으로 줄었고, 전시경제가 본격화되면서 사라졌다. 물론 거대 기업들의 이윤 역시 폭발적으로 증가했는데, 1936년 이들의 순이윤은 1933년에 비해 거의 네 배로 늘어났다.[42] 요컨대 파시스트 국가는 거대 자본의 이해를 반영하며 경제에 대한 광범위한 개입을 효과적으로 수행한 것이다.

히틀러 독일의 급격한 부상과 이탈리아와 일본의 대외 정복의 시작은 제2차 세계대전의 파국으로 치달았다. 위에서 지적한 첫 번째와 두 번째 프로젝트 사이에 성립된 '반히틀러연합'은 결국 파시즘을 패퇴시켰다. 공동의 적이 사라졌을 때 이 연합은 다시 분열했지만, 어쨌든 파시즘을 역사의 주무대에서

추방함으로써 자본주의 황금시대의 문을 열었던 것이다.

전쟁의 피해를 전혀 입지 않은 미국의 전후 성장 과정이 포드주의적 생산체계의 심화를 의미한다면, 전쟁을 통해 경제가 거의 붕괴된 유럽의 전후 재건 과정은 포드주의적 생산체계의 관철과 확산을 의미하는 것이다. 앞에서 지적했듯이, 노동의 극도의 단순화 및 이 단순노동의 일관생산공정으로의 결합으로 특징지어지는 포드주의적 생산방식은 노동자를 생산 과정 체계로 완전히 종속시켰지만, 다른 한편으로는 어마어마한 일반적 생산성의 상승을 가져왔다. 그런데 여기서 주목할 사실은 이 일반적 생산성의 상승, 즉 공급의 급속한 확장이 어떻게 1930년대처럼 세계경제대공황으로 이어지지 않고 '황금시대'라고 불리는 자본주의 역사상 유례 없는 경제 성장의 기초로 작동할 수 있었는가의 문제이다(앞의 〈표 1〉 참조).

문제의 해답은 공황과 전쟁이라는 파국의 경험에서 찾을 수 있다. 자본주의 역사상 '가장 충격적인 에피소드'였던 세계대공황과 인류 역사상 가장 잔혹했던 학살극으로 기록될 제2차 세계대전의 경험은 자본주의의 근본적 실패에 대한 반성을 일반화했다. 이는 반파시즘과 평화라는 광범위한 사회적 합의를 만들어냈는데, 여기에는 일정한 반자본주의적 요소들도 내포되어 있다는 사실에 주목할 필요가 있다. 이 반자본주의적 요소는 경제에 대한 국가의 광범위한 개입을 내용으로 하는 '사회주의'로 표현되었고, '기독교적 사회주의', '사회적 시장경제', '민주주의적 사회주의' 등 '사회주의'는 당시 서유럽 대부분의 정당들의 강령에서 발견될 수 있는 핵심적인 정치적 구호였다.[43] 물론 여기서 '사회주의'란 소련과 동구권에서 실현된 현존 사회주의의 국가사회주의적 질서와는 대조적인 것이며, 민주주의와 인권, 시장경제, 교섭의 자유, 기회균등, 사회적 안정과 연대 등을 주 내용으로 했다.

어쨌든 이러한 '사회주의적' 구호의 대두는, 자유주의적 시장논리에 의존해서는 공급과 수요의 격차로 나타나는 자본주의의 근본적 긴장을 해결할 수 없으며, 따라서 국가는 이윤논리를 제한하고 시장을 조절하는 방식으로 경제에 개입해야 한다는 것을, 전후 모든 정치 세력들이 일반적으로 받아들였다는 사실을 의미했다. 이 합의는 당시 좌파와 우파를 초월했는데, 양자는 원칙에서라기보다는 원칙을 구체적으로 실현하는 데서 등장하는 강조점에서 차이를 보였다. 예를 들어 좌파는 사회국가 및 적극적인 공공 부문, 대자본에 대한 통제와 강력한 노동조합을 요구했던 반면, 우파는 시장, 근대화, 민간경제를 지원하는 공공 부문을 선호했으며, 노동조합을 두려워했던 것이다.

국가의 경제에 대한 개입과 시장조절은 특히 (서)유럽에서 일종의 계급 타협에 기초해 효율적으로 수행되었다. 이 타협은 물론 종전 이후 유럽의 독특한 정치적 상황에 의해 촉진되었던 것이 사실이다. 제2차 세계대전에서 파시즘의 패배와 함께 파시스트-초민족주의적 극우파들이 정치 무대에서 사라졌으며, 뒤이은 냉전의 발발과 함께 공산주의라는 극좌파가 제도권 정치에서 제거되었다. 그러나 이 계급 타협은 거센 정치적 투쟁과 대결의 결과였다는 사실 역시 강조되어야 한다.

"노동운동의 대중조직(무엇보다 노동조합, 그리고 이들의 활동 결과로서 집단적 노동권)의 등장과 함께 그 투쟁의 결과들은 헌법, 국가제도의 체계(사회국가), 법률체계 등의 분야는 물론 정치 문화의 영역에서도 각각 특수하게 표현되었는데, 이것은 일종의 타협 또는 '계급 타협'이라 할 수 있다."[44]

이 계급 타협은 우파와 좌파 사이의 효과적인 정책 합의에서는 물론, 고용주와 노동자조직 사이의 암묵적, 명시적 합의에서도 확인될 수 있다. 예컨대 고용주는 생산성의 발전에 상응한 실질임금의 상승에 동의했고, 노동자조직들은 미래의 투자에 충분할 정도의 이윤 몫에 합의했다. 암스트롱, 글린, 해리슨은 이에 대해 다음과 같이 서술하고 있다.

"전후 호황기에는 광범한 합의가 형성되었다. 좌파든 우파든 대규모 정당들은 일반적으로 '혼합경제'라는 개념을 수용했다. 그들은 또한 노동자의 노동자로서의 권리, 특히 노조 결성의 권리를 인정했다. 더욱이 그들은 정부가 다양한 복지 서비스를 제공하고 완전고용을 유지할 책임이 있다는 사실을 받아들였다. 노동자들은 생산성 향상에 연동한 임금 증가를 위해 교섭할 수 있었고, 자본가들은 생산을 통제하고 자본을 분배할 권리를 가졌다. 이러한 합의의 정확한 내용은 나라마다 달랐고 시간이 가면서 조금 변했지만, 사소한 점에서만 의견 대립이 있었다. 대정당 사이에는 광범한 합의가 존재했는데, 영국에서는 이러한 합의를 보수당의 지도자 버틀러Butler와 노동당의 당수 게이츠켈Gaitskell의 이름을 따서 '버츠켈리즘 Butskellism'이라고 불렀다."[45]

이와 같은 사회적, 정치적 합의 또는 계급 타협 아래서 '복지국가' 또는 '사회국가'로 알려진, 경제에 대해 강력한 개입을 수행하는 케인즈주의적 국가가 탄생했다. 그리고 이 국가는 대공황과 전쟁이라는 세계사적 파국의 경제적 원인이 엄청난 공급의 확장과 이에 턱없이 뒤처지는 대중수요 간의 거대한 격차로 등장한 자본주의의 실패였음을 간파했다. 케인즈주의적 국가는, 포드주의적 생산체계의 확산이 가져온 경제적 변화 앞에 기존의 자유주의적 국가의 정치적 개입과 조절이 여지없이 실패할 수밖에 없었다는 사실을 직시했고, 따라서 새로운 경제적 변화에 걸맞은 정치적 조절 형태를 발전시켰다. 앞에서 축적체제라는 개념이 모든 생산조건의 변화라는 기술적 측면과 임노동자들의 재생산조건의 변화라는 정치적 측면 사이의 일정한 조응 관계를 표현한다는 사실을 지적했는데, 케인즈주의적 국가는 기술적 측면의 변화에 임노동 관계를 새롭게 조응시킴으로써 포드주의적 축적체제를 창출한 것이다.

임노동관계에 대한 구체적 조절의 형태들은 나라마다 상이했지만, 선진자본주의 국가들 대부분은 다음과 같은 공통적 사실을 포함하고 있었다.[46)]

① 부문 또는 지역의 전 고용주를 구속하는 단체협약(따라서 저임금에 의한 경쟁은 저지된다).
② 최저임금이 국가에 의해 보장되고, 그 구매력은 매년 상승한다.

③ 비록 임노동자가 질병, 정년퇴직 또는 실업 때문에 더 이상 직접임금을 받지 못한다고 할지라도, 국민의 강제 부담에 의해 운영되는 사회보장제도가 모든 임노동자에게 항상 소득을 보장한다.

국민경제적 차원에서 임금량과 임금 수준의 항상적인 역동성을 보장했던 이러한 제도들은 포드주의적 축적체제의 핵심적인 구성요소였으며, 바로 이를 통해 포드주의적 생산체계가 가져온 일반적 생산성의 상승을 수요 측면에서 해결할 수 있었다. 그 결과 대량생산뿐만이 아니라, 대중적 풍요를 가능하게 한 대량소비 역시 가능해졌다. 대중들은 이제, 과거에는 소수 엘리트들에게만 국한되었던 생활 수준을 누릴 수 있게 되었던 것이다.

케인즈주의적 국가의 정책은 국내경제적 수요와 국민경제적 임금 수준을 안정화하는 총수요관리정책으로 특징지어진다. 케인즈주의적 국가는 실질임금률의 상승이 전 경제적 성장의 평균 이하로 떨어지는 것을 막는 다양한 노동권적 규제들, 사회보장체계의 지원, 노동시장적 조치들을 도입했다. 또한 국가는 가능한 한 완전고용을 실현하려 노력했으며——실제로 1960년대 서유럽의 평균실업률은 완전고용에 가까운 1.5%였다——빈곤층을 사회복지망에 연결했고, 의료·교육·연금제도의 사회화를 완수했다. 나아가 국가는 통화정책과 재정정책을 적절히 결합시켜 경기 부양 및 완화를 위해 노력함으로써, 경기 순환의 진폭을 크게 줄였다. 예를 들어 경기를 회복시키지 않으면 안 될 때 국가는 이자율을 내리면서 세입을 감소시키고 세출을 증가했는데, 이렇게 할 수 있었던 것도 머지않아 세수의 증가가 재정적자를 감소시킬 것이라고 예측할 수 있었기 때문이다.

포드주의적 축적체제에서 주목할 또 하나의 사실은 자본 내부의 관계에서도 산업자본의 헤게모니가 인정되었다는 사실이다. 케인즈주의적 국가는 이자율을 의도적으로 낮게 유지함으로써 금융자본의 기생적인 투기 활동을 제한했고, 생산자본의 활동에 금융자본의 이해를 종속시켰다. 1960년대와 70년대의 극도로 낮은 실질이자율은 실물자본의 원활한 축적, 그리고 이를 통한 완전고용 창출을 목표로 한 국가의 규제와 감독의 결과이다. 마르크스와 케인즈가 암시한 바와 같이, 이자율은 신용체계의 양극인 채무자와 채권자의 권력 관계에 의존하며,[47] 이자율이 지속적으로 이윤율보다 낮게 유지된 것은 채무자인 실물자본의 권력이 채권자의 권력을 압도했던 것이라고 할 수 있다.

이러한 상황 아래서 포드주의적 성장 과정이 등장하는데, 그것은 이전의 성장 유형과는 명확히 구분되는 것이었다. 물론 여기에서도 국민국가적인 편차가 존재했고, 예컨대 프랑스에서와 같이 축적이 전형적으로 소비재 부문의 확장을 통해 이루어진 경우, 또는 독일에서와 같이 수출이 전통적으로 중요한 역할을 한 경우의 차이를 들 수 있다. 그럼에도 불구하고 우리는 포드주의적 축적체제의 성장구도를 다음과 같이——개별적이고 구체적인 국민국가적 성장모델의 차이를 추상한 채——요약할 수 있다.

포드주의적 번영은 무엇보다 직접·간접임금을 포괄한 실질 임금소득의 상승이 거대한 일반적 생산성의 상승을 수요 측면에서 해결하면서 등장했다. 국내의 과잉생산과 과소소비 문제가 완화된 상황에서 성장은 더 이상 제국주의적 팽창 또는 '외부로의 정복'에 의해 추진되기보다는, 독일의 사회학자 루츠가 지적하듯이 '내부로의 정복innere Landnahme'[48]에 의존했다. 이러한 방향으로의 발전은 한편으로는 대공황과 전쟁이라는 파국의 경험에 대한 반성, 그리고 다른 한편으로는 정치적 투쟁과 대결들에 의해 강제된 계급 타협에 의해 가능해졌다는 사실에 주목해야 한다.

제 3 장 ——— 포드주의의
위기와
포스트포드주의의
등장

한 록가수가 본
포스트포드주의적 미국식 생활방식의 한 측면

비오는 날
보도에서 잠자는 사람들
고속도로 밑에서 살아가는 가족들
이것이 바로 미국적 방식이오(…)
곤경에 처한 사람들
가정에서의 살인
길거리의 범죄들
바로 그것이 도시의 삶이라오
—Niel Young, "Life in the City" (1988)

1. 포드주의의 딜레마와 위기

포드주의는 대량생산뿐만 아니라 그야말로 대량소비를 일반화했다. 미국의 경우 이미 제2차 세계대전 이전에 자동차가 신분의 상징이길 그쳤지만, 유럽에서는 황금시대와 더불어 자동차 시대가 열렸다. 예컨대 1938년에 75만 대였던 이탈리아의 자가용은 1975년 천5백만 대로 늘어났다. 독일의 '경제 기적'이란 서민층에게는 폴크스바겐의 딱정벌레차, 그리고 중산층에게는 메르체데스 - 벤츠를 의미했다. 한때 사치품이었던 냉장고, 세탁기, 텔레비전, 전화 등이 이제 가정필수품으로 정착했다. 또한 여가 활용 역시 포드주의적으로 변모했는데, 대중관광의 물결이 곳곳을 휩쓸었다. 1950년 중앙아메리카와 카리브해 연안을 방문한 북아메리카인들의 수는 30만 명에 불과했지만, 1970년에는 무려 700만여 명으로 늘어났다. 1950년대만 해도 사실 대중관광이 전혀 없었던 스페인은 1980년대 말에 연간 5천4백만 명 이상의 외국인들을 맞았다.[49]

그러나 '자본주의의 황금시대'를 이루어낸 포드주의적 축적체제는 1960년대 후반에 들어 서서히 그 한계를 드러내기 시작한다. 앞에서 논의했듯이, 포드주의적 축적체제가 의존하고 있었던 성장의 동력은 무엇보다 실질임금소득과 생산성 상승 간의 상호 작용이다. 따라서 이 축적체제의 안정성이 유지되기 위해서는 실질임금소득의 상승과 생산성의 상승 간의 균형이 유지되어야 했다.[50] 이와 같은 균형 아래서라야 실질임금이 지속적으로 상승하더라도 이윤에 위협이 되지 않으며, 안정적인 일반적 이윤율과 규칙적인 축적 리듬이 유지될 수 있는 것이다. 그러나 만약 생산성 상승이 정체되거나 아니면 실질임금소득의 상승이 자립화할 경우 이 축적체제의 안정성은 급격히 흔들릴 수밖에 없다.

그런데 1960년대 후반에 들어와 거의 모든 선진자본주의 국가들에서 생산성 상승은 둔화되었다. "노동인구에 비해 축적률이 더 빨랐음(자본/노동 비율이 연간 1%씩 증가했다)에도 불구하고, 1970년대의 생산성 증가율은 1960년대 초반에 비해 1% 정도 감소했다."[51] 달리 표현하자면, 더 많은 기계설비가 생산 과정에 투입되었음에도 불구하고, 생산성은 하락하고 있었던 것이다. 이 생산성 상승의 전반적인 둔화는 포드주의적 노동조직원리——1910년대 초반 미국의 포드 공장에 도입된 이래, 1950년대와 60년대에 걸쳐 대부분의 선진자본주의 국가들에서 놀라운 성공을 거둔——의 위기를 표현하고 있었다.

주지하듯이 포드주의적 생산체계는 노동의 극도의 단순화 및 단순노동의 일관생산공정으로의 결합에 의존하고 있었다. 따라서 이 노동조직원리는 전체 생산자의 대다수로부터 창조적 작업의 가능성을 박탈하며, 생산성의 원천을 오로지 기술자나 생산관리자의 활동에만 집중시킨다. 그런데 기술자가 생산성을 향상시킬 수 있는 유일한 방법은 이제까지보다 더 정교하고 복잡한 기계설비를 도입하는 것이다. 그러기에 기계설비의 증가——이는 통계적으로 1인당 (고정)자본계수의 상승으로 표현된다——는 포드주의적 생산체계 확산의 필연적인 결과물이다. 물론 기계설비가 증가하더라도, 그 설비를 생산하는 산업 부문의 생산성이 설비가 증가하는 속도를 상쇄할 정도로 충분히 높다면 문제는 없다. 요컨대 기계의 총량은 증가하지만 기계의 가치는 생산성의 상승으로 감소함으로써, 포드주의적 노동조직원리는 여전히 매력적일 수 있다. 그러나 만약 기계설비재 생산 부문의 생산성이 정체 또는 하락한다면, 포드주의적 노동조직원리는 심각한 위기에 봉착하게 된다. 그런데 바로 이 상황이 등장한 것이다. 즉 "1960년대 중반 이래로 생산성 상승의 둔화가 1인당 자본가치의 상승을, 즉 마르크스의 용어로 말한다면 자본의 유기적 구성의 고도화를 초래했다. 실제로 이 시기 이래로 생산성의 상승은 자본의 기술적 구성의 고도화, 다시 말해 1인당 고정자본량을 증가시키는 데 실패했다."[52]

생산성 상승의 둔화는 자본생산성(순생산량/총설비자산)의 전반적 하락으로 표현되었고,[53] 그리고 그 결과는 자본수익성의 하락을 가져왔다.[54] 새로운 생산체계의 도입에 따른 공급의 확장과 이에 턱없이 뒤처지는 수요 간의 긴장, 즉 일종의 과잉생산 위기로 나타난 1930년대의 세계대공황과 달리 1970년대 중반의 포드주의적 축적체제의 위기는 수익성의 위기로 나타났다. 이는 일단 노동비용의 상승보다는 무엇보다 자본강도 Kapitlaintensität(노동자 1인에 대한 총설비자산)의 상승에 기인한 것이었다.[55]

그러나 1960년대 후반에 들어 포드주의적 생산체계에 대한 노동자집단의 저항 역시 눈에 띄게 증가했다. 노동강도의 강화, 노동자의 탈숙련화, 노동의 단순화, 노동으로부터의 소외는 포드주의적 노동조직원리에 기인한 것으로, 노동자집단은 점차 이 조직원리에 대한 저항 형태들을 발전시켰다.[56] 간헐적으로, 그리고 노조의 통제를 받지 않은 채 등장한 파업, 태업, 사보타지, 직무 거부 등은 1960년대 후반 유행처럼 번져가기 시작했다. "1968~70년에 파업 물결이 유럽을 휩쓸었다. 프랑스에서 1968년 5월 사태는 3주 간의 총파업을 촉발했다. 다음해에는 독일과 네덜란드가 노조의 승인을 받지 않은 물결에 휩싸였고, 노사 관계가 불안했던 '뜨거운 가을Hot Autumn' 동안의 이탈리아도 마찬가지였다. 영국에서는 '불만의 겨울Winter of discontent'이었던 1969~70년에 윌슨 정부의 소득정책이 붕괴했다. 파업노동자들은 이전에 비해 두 배 가까운 임금 상승을 획득했다. …파업은 일반 노조원에 의해 촉발되어 초기에는 전국 노동조합의 지도자들에 의해 제지되기도 했다. …또한 파업은 상이한 계급이익을 통합하는 합의가 실패했음을 보여줌으로써 노사 관계의 한 분기점을 형성했다."[57]

노동자집단의 저항은 기술적으로 발전된 복잡한 생산체계들에 의존하는 작업장일수록, 그리고 고정자본(기계설비)의 비중이 큰 공장일수록 더 효과적이었다. 그런데 포드주의적 생산체계의 심화와 확산은 바로 이러한 작업장들을 일반화했던 것이다. 노동자집단의 저항에 의한 공장의 가동 중단은 투하된 고정자본에 대한 상대적 금융 비용을 높였고, 임금 인상과 더불어 수익성 위기를 한층 강화했다.

이러한 상황에서 기업들은 가격 인상mark-up을 통해 수익성 저하에 대응했다. 그러나 이는 가격과 임금의 전반적인 상승을 불러일으켰고, 인플레이션의 증대로 이어졌다. 인플레이션의 압력은 현금 흐름에서 감가상각비가 차지하는 비율을 증가시켰다. 그 결과 기업 채무는 점차적으로 증대했으며, 금융 비용 역시 증가했다. 감가상각비의 증가 및 투자의 상대가격의 상승은 투자 능력의 잠재적인 위기로 연결되었다. 인플레이션은 이제 스태그네이션stagnation과 결합했고, 이렇게 등장한 스태그플레이션stagflation[58]은 1970년대 중반 포드주의적 축적체제를 위기 속으로 몰아넣었다. 투자는 지속적으로 둔화되었으며, 투자의 둔화는 고용의 감소와 실업의 증가를, 실업의 증가는 성장과 완전고용의 전제 아래 성립된 복지국가의 비용 증가를 가져왔다.[59]

수익성의 하락은 일단 공급 측면에 원인이 있었다. 전반적인 생산성의 하락, 이와 더불어 등장한 임금 상승, 그 결과 자본수익성의 하락, 거기에 원자재 가격의 상승(유가 파동)이 등장하면서 포드주의적 축적체제는 붕괴되었다. 이러한 상황 아래서 금융 완화, 재정 확대 등을 통해 추가 수요를 창출하는 케인즈주의적 처방은 인플레이션을 유발할 위험성이 다분했다. 따라서 화폐 안정을 내세우는 통화주의적 노선과 공급 중심적인 경제 개입으로 정책을 선회할 것을 요구하는 주장이 어느 때보다 설득력 있게 들렸다. 새로운, 포스트포드주의적 축적체제를 모색하기 위한 정치적, 이데올로기적 공세가 시작된 것이다.

1930년대 세계경제대공황의 경험과 함께 몰락한 것으로 여겨졌던 경제적 자유주의의 교리가 극적으로 부활한 것은 바로 이러한 변화 때문이었다. 거의 반세기 가량 고립되어 소수파로 전락했던 경제적 자유주의는, 이제 신자유주의라는 이름 아래 무제한적인 자유시장을 설파하며 국가 개입과 완전고용에 대한 케인즈주의적 합의를 공공연하게 비난하기 시작했다. 더욱이 포드주의의 위기에 대한 기존의 케인즈주의적 정책의 무능과 실패가 명백하게 드러나면서, 이 이데올로기적 비난은 더욱 호소력을 지니게 되었다.[60] 예컨대 1969년 새롭게 창설된 노벨 경제학상은 1974년부터 신자유주의적 경향을 지지했다. 1974년에는 프리드리히 폰 하예크에게, 1976년에는 통화주의자이자 경제적 자유주의의 전투적인 옹호자인 밀턴 프리드먼에게 그 상이 돌아갔던 것이다.[61]

그러나 포드주의적 축적체제의 위기는 비단 한 노동조직원리의 위기만이 아니었다. 이 위기는 또한 인간의 생산 활동이 자연에 미치는 충격, 곧 인간과 자연의 관계의 위기이기도 했다. 포드주의적인 대량생산과 대량소비는 자연을 희생시키면서, 생태계를 파괴하면서 진행되었던 것이다. 선진자본주의 국가의 대도시들은 스모그로 뒤덮였고, 공업화가 진행된 곳의 강은 폐수로 오염되었다. 대기를 온난화하는 이산화탄소 방출량은 1950년에서 1973년 사이에 거의 세 배로 늘었다. 공기 중에서 이 기체가 차지하는 비율이 매년 거의 1%씩 증가한 셈이다. 또한 오존층을 파괴하는 화학물질의 생산량은 거의 수직으로 치솟았다. 땅 위에는 너무 많은 오존이, 하늘에는 날로 줄어드는 오존이 문제되기 시작했다. 오늘날 포드주의적 대량생산과 대량소비의 확산이 인류의 생존 기반을 파괴하면서 진행되어왔다는 사실이, 포드주의적 축적체제가 위기에 빠졌을 때보다 명확히 드러나고 있다.

2. 신자유주의와 포스트포드주의적 축적체제의 성립

이제까지 우리는 전후 포드주의적 축적체제의 성립이 반파시즘과 평화라는 광범위한 사회적 합의에 기초한 일종의 계급타협을 통해 가능했다는 사실에 주목했다. 사회적 평등과 연대의 실현으로 표현된 이 계급 타협은 대부분의 선진자본주의 국가들 사이에서 일어난 거센 정치적 투쟁과 대결의 결과였음은 물론이다. 요컨대 포드주의적 축적체제는 새로운 노동조직원리의 확산이라는 기술적 차원의 변화에 상응한 경제적 분배 관계를 정치적으로 구축했을 때 성립할 수 있었다. 따라서 포드주의적 축적체제는 한마디로 케인즈주의적 사회국가의 개입에 의해 실현된 대량생산과 대량소비의 결합이라고 할 수 있다.

자본주의 역사상 유례 없는 눈부신 성장을 가져온 포드주의적 축적체제가 한계에 봉착했음은 최소한 두 가지 측면에서 가시화되었다. 첫째, 새로운 생산체계의 장점이 단점으로 전환되면서, 생산성이 눈에 띄게 정체하기 시작했다. 이 정체는 더 많은 기계설비의 투입으로 표현되었으며, 이는 자본수익성의 위기로 이어졌다. 거기에 노동자들의 포드주의적 노동조직 원리에 대한 저항과 임금 인상은 수익성 위기를 더 강화했다. 가격 인상을 통해 수익성 저하를 만회하려는 기업들의 전략은 인플레이션을 불러일으켰고, 감가상각비의 증가 및 투자의 상대가격의 상승을 통해 투자 능력의 잠재적인 위기로 연결되었다. 둘째, 이러한 경제적 변화에 기존의 정치적 개입이 대단히 무력했다는 사실이다. 즉 포드주의적 축적체제를 작동시킨 경제와 정치의 조응 관계가 한계에 이른 것이다. 케인즈주의적 사회국가는 국내 수요를 안정시키는 다양한 조절 형태를 발전시켰지만, 수익성의 위기로 표현된 공급측의 긴장을 완화시킬 어떠한 묘안도 가지고 있지 않았다. 결국 이 위기는 포드주의적 노동조직원리의 위기, 즉 '노동력 착취의 특정한 역사적 형태의 위기'[62]에 깊이 뿌리박고 있었고, 단기적인 몇몇 정책의 처방으로 제거될 성질의 것이 아니었다.

흔히 '석유 파동'으로 알려진 1974~75년의 세계경제 위기는 포드주의적 축적체제의 붕괴를 알리는 신호탄이었다. 물론 원자재 가격의 전반적 상승을 야기한 유가 폭등이 공급측을 더욱 옥죈 것은 사실이지만, 그것이 포드주의 위기의 진정한 원인은 아니었다. 지금까지 설명했듯이 위기는 훨씬 깊은 원인을 가지고 있었다. 실제 1980년대 중반 이후 유가 및 원자재 가격은 급격히 하락했어도 선진자본주의 국가들의 경제는 황금시대의 역동성을 결코 회복하지 못했다.

1979년 영국 대처 내각의 집권, 1980년 미국 레이건 정부의 등장, 1982년 독일 보수·자유연정의 등장은 신자유주의적, 통화주의적 노선이 세계적으로 득세하고 있음을 보여주고 있었다. 더욱이 1981년 출범한 프랑스 좌파 정권의 케인즈주의적 수요정책의 실패는 전통적 케인즈주의의 한계를 명백히 드러냈다. 당시 프랑스의 좌파 연정은 전 세계가 휩쓸리던 신자유주의적 경향에 저항하는 마지막 보루로 비추어졌고, 실제 대량실업을 완화하기 위해 전형적인 케인즈주의적 수요중심정책을 시행했다. 구체적으로 이 정책은 최저소득의 16.8% 인상, 연금과 주거지원비 지원을 강화하는 사회복지제도의 확충, 공공 부문에서 18만 개 일자리 창출, 주당 39시간 노동시간(1985년 이후 35시간)의 도입, 연간 5주 휴가제의 정착, 다양한 고용 촉진적 조치들, 저소득을 지원하는 세금정책 등을 그 내용으로 하고 있었다.[63] 황금시대의 전성기에 대부분의 선진자본주의 국가들에서 효과적으로 작동했던 이 전형적인 케인즈주의적 수요지원정책은, 그러나 포드주의의 위기 이후에 프랑스에서 참담히 실패했다. 정부의 지원에 의한 구매력의 증가는 프랑스의 산업 생산을 끌어올린 것이 아니라 수입을 극적으로 증대시킴으로써, 세계시장에서 경쟁력 있는 산업들을 지닌 이웃 나라 독일을 수혜자로 만들었다. 무역적자의 증가와 더불어 정부의 재정적자 역시 1980년의 300억 프랑에서 1984년 1,460억 프랑으로 대폭 늘어났다.[64] 금융시장은 혼란에 빠졌고, 프랑화의 가치는 하락했으며, 인플레이션 또한 상승했다. 좌파 연정의 정책들은 곧바로 철회되었고, 프랑스 역시 구조조정, 민영화, 탈규제화의 신자유주의적 노선에 합류하게 되었다. 프랑스의 경험은 이미 무역 자유화가 실현된 유럽이라는 상황 아래서, 더욱이 주변국들이 대부분 신자유주의적으로 변하는 조건에서, 한 국가만의 케인즈주의적 노선은 실패할 수밖에 없다는 것을 여실히 보여주었다.[65]

1974~75년, 그리고 1980년대 초반의 전 세계적인 심각한 불황과 경제 위기는 평등, 복지, 연대와 같은 전후 사회적 합의를 깨뜨리기에 충분한 것이었다. 높은 인플레이션과 더불어 노동자들은 실질임금의 하락에 직면했으며, 경제 위기는 그들을 대량실업으로 내몰았다. 인플레이션을 억제하고, 공급측에 대한 지원을 통해 경제를 활성화하겠다는 신자유주의적 약속이 호소력 있게 들렸고, 노동계급을 포함한 일반 시민들은 이 약속에 표를 던졌다. 1982년까지 벨기에, 네덜란드, 덴마크, 영국 등 실업률이 10% 넘게 가파르게 상승한 곳에서부터 신자유주의자들은 가장 빨리, 그리고 가장 강력하게 힘을 얻기 시작했다.[66]

신자유주의적 약속이 매력 있게 들린 것은 포드주의의 심각한 위기 때문일 뿐, 신자유주의가 위기에 대한 현실적 대안을 포함한 응집력 있는 이론으로 구성된 것은 결코 아니다. 오히려 신자유주의는 매우 잡다한 이데올로기의 혼합물이다.[67] 여기에는 신고전파 경제학의 근본주의, 탈규제와 시장을 통한 조절, 공급 중심의 경제학으로 알려진 자본에 대한 우호적인 경제적 재분배, 타협 없는 화폐적 안정을 추구하는 통화주의적 입장, 때때로 모순적으로 적용되는 자유무역의 원리, 그리고 노조에 대한 불관용 등이 뒤섞여 있다. 한 가지 주목할 사실은 신자유주의가 고도로 이데올로기적이라는 점이다. 즉 "시장에 기반을 둔 정책들은, 그것이 매우 추상적이고 이상화된 경제적 교리로 설파되었기 때문에 힘을 얻을 수 있었던 것이다. 신자유주의 이데올로기는 병든 세계를 치유할 불가사의한 힘을 '시장'에 부여한다."[68] 물론 이는 시장이 국가를 대체한다는 의미가 결코 아니며, 단순히 '작은' 국가의 출현을 이야기하는 것도 아니다. 국가 개입의 억제, 그리고 탈규제를 통한 시장의 힘의 자유화란 무엇보다 자본측에 대한 지원을 위해 국가 행위영역들이 근본적으로 재편되는 것을 의미한다.

어쨌든 신자유주의의 물결은 전 세계를 휩쓸었다. 1970년대 후반 미국과 영국에서 시작되어 1980년대에는 유럽 대륙으로 확산되어갔고, 프랑스의 실패한 케인즈주의적 실험은 이 확산을 더욱 부채질했다. 1980년대의 '채무 위기'와 함께 신자유주의와 통화주의는 라틴아메리카와 아프리카에서도 기승을 부렸다. 1990년대 러시아와 기존 동구권이 '충격 요법'이라는 이름 아래 극단적인 시장자유주의를 받아들일 때, 신자유주의의 물결은 절정에 달했다. 최근의 아시아 위기는 이 지역에서도 구조조정이라는 이름 아래 신자유주의를 뿌리내리게 했다.

신자유주의적 공세는 공급측에 대한 지원, 시장을 통한 조절, 탈규제, 민영화, 자유화, 현대화, 지구화 등 여러 이름 아래 진행된 다양한 정책들을 통해 표현되었다. 암스트롱, 글린, 해리슨은 신자유주의의 주장을 다음과 같이 요약하고 있다.

"새 정통파의 중요한 미시경제적 요소로는 자유시장에 대한 정부의 개입을 크게 축소시켜야 한다는 주장이 있다. 정부 지출은 최소로 줄여나가야 하며, 대다수의 국민을 유급노동에 더 의존하게 해야 한다. 이때 사람들은 할 수 있는 일은 무엇이든 하지 않으면 안 될 것이고, 그 결과 도달 가능한 실업률의 하한, 즉 '자연 실업률'은 낮아질 것이다. 세금을 감면하고 노년층에 대한 부양 부담을 국가에서 사적 부분으로 이전시키면, 사람들은 더욱 열심히 일하고 더 많이 저축할 것이다. 국영기업의 효율성을 높이기 위해서는 국영기업은 민영화되어 자유시장 경쟁에 종속되어야 한다. 시장을 억압하는 규제들은 철폐되거나 완화되어야 한다. 그래야만 비용을 줄이고 가능한 한 싸게 생산하도록 압력을 가함으로써, 투자 결정의 역동성과 결합해 더욱 급속한 장기 성장을 이룰 수 있다. 무엇보다도 시장의 자유로운 작동을 제약하는 노동측의 정치적·경제적 힘이 분쇄되어야 한다."[69]

이러한 주장은 포드주의적 축적체제의 위기를 가져온 원인들에 대한 효과적인 현실적 대안이라기보다는 상당 부분 이데올로기적인 것이 사실이지만, 그럼에도 불구하고 이 위기를 자본의 입장에서 공세적으로 해결하려는 매우 급진적이고 일관된 시도를 의미한다. 신자유주의적 공세는 케인즈주의적 국가를 떠받치고 있었던 정당과 노동조합에 대한 정치적 공격에서 시작되어, 사회적 평등, 복지, 연대와 같은 전후 사회적 합의에 대한 이데올로기적 공격으로 이어졌다. 신자유주의적 노선이 득세한 대부분의 국가들에서 정부의 정책은 공급 중심적으로, 그리고 인플레이션을 억제하는 철저한 긴축 안정적 노선으로 전환되었다.

일국적인 총수요관리정책이 더 이상 지배적이지 않은 상황에서 기업들에게 세계시장과 경쟁의 의미가 결정적으로 커지게 되었음은 두말할 나위 없다. 자본의 가치 증식 또는 기업의 성공은 국내의 실질임금소득의 발전으로부터 점차 독립적으로 되었고, 임금 수준은 이제 국제적 경쟁에 있어 비용요소로서 훨씬 중요하게 다루어졌다. 황금시대의 종식과 더불어 높은 임금은 더 이상 안정적 국내 수요의 토대를 의미하지 않게 되었으며, 그 결과 자본은 세계시장에서의 성공을 위해 더 낮은 임금에 관심을 갖게 된 것이다.

이상에서 논의한 변화의 핵심은 다양한 형태의 공급 친화적 요소들의 정착을 통해, 포드주의의 위기를 통해 드러난 자본의 수익성을 회복하는 것이었다. 여기에는 임금비용의 삭감, 새로운 생산품 및 생산기술의 도입, 노동조직 형태의 근본적 변화 그리고 이와 관련된 노동 관계의 유연화, 자본 집약적 설비의 가동시간 연장과 사용강도의 강화, 기업에 대한 세제 혜택, 공급측에 유리한 사회하부구조의 구축 등이 포함된다. 이러한 노력은 포스트포드주의적 축적체제라 지칭될 수 있는 새로운 축적체제를 태동시켰는데, 이는 특히 다음과 같은 네 가지 측면에서 포드주의적 축적체제와 구별해볼 수 있다.

첫째, 포드주의적 노동조직원리의 경직성을 완화시키려는 노력들이 등장했다. 포드주의의 위기는 포드주의적 노동조직원리(노동자의 탈숙련화, 노동의 단순화 등)의 장점이 단점으로 전화하면서 등장했다. 따라서 포스트포드주의적 노동조직은 포드주의의 경직성을 유연화하려 시도한다. 노동자집단의 재교육을 통한 노동과 숙련의 재결합(소위 '다기능공화'), 컨베이어벨트에 의존한 일관생산공정의 부분적 해체와 유연적 생산공정의 도입, 단순노동의 완화 및 노동 분업의 축소, '팀아르바이트'의 도입, 노동자집단의 생산공정에 더욱 적극적인 참여 등은 새로운 노동조직원리의 특징이다. 물론 이 노동조직원리가 포드주의를 궁극적으로 대체하는 것인지, 그리고 포드주의적 노동의 단조로움과 소외를 극복하는 좀 더 인간적인 생산방식을 의미하는 것인지에 대해서는 대단히 상반된 견해들이 제출되어 있다. 그럼에도 불구하고 확실한 것은, 포스트포드주의적 노동조직원리는 현실에서 노동과 자본의 세력 관계에 상응해 다양한 변형을 보인다는 사실이다. 생산공정의 유연화와 실질임금의 하락을 결합함으로써 자본측에 일방적으로 유리한 분배 관계를 실현한 '네오 테일러주의'로부터 생산과정에 협상된 노동의 참여를 보장함으로써 생산성의 상승을 도모한 '칼마리아니즘Kalmarianism'[70]에 이르기까지 현실에는 포스트포드주의적 노동조직원리의 여러 변형들이 등장하고 있다.[71]

둘째, 지구화라는 단어에 상응할 일종의 초국적 경제의 출현, 그리고 이 초국적 경제를 활용한 자본의 합리화·유연화전략은 포스트포드주의적 축적체제의 중요한 특징으로 자리잡았다. 물론 국제적인 경제 교류는 황금시대 내내 진전되었지만, 당시만 해도 세계경제는 초국적이라기보다는 여전히 국제적이었다.[72] 그런데 포드주의적 축적체제의 위기와 함께 초국적 경제라고 지칭할 수 있는 경제 활동에 있어 국민국가라는 영토적 틀이 크게 약화되는 새로운 상황이 출현했다.[73] 한편 케인즈주의적 총수요관리정책의 퇴조는 세계시장을 지향한, 국민국가를 벗어난 경제 활동의 의미를 격상시켰다. 다른한편 새로운 정보·통신기술의 발달은 초국적기업들의 활동을 기존의 공간적 제약으로부터 놀랄 정도로 해방시키면서, 이들을 초국적 경제 형성의 주체로 부상시켰다. 이제 초국적기업들은 전 지구적 영업전략을 통해 임금비용, 노동력의 질, 환경규제, 정부 지원, 시장 전망 등에서 가장 유리한 생산입지를 공간에 거의 구애받지 않고 선택할 수 있게 되었다. 초국적기업들의 전 지구적인 생산입지의 선택은 단순한 노동집약적 공정의 해외이전에서뿐만 아니라, 훈련된 노동력의 존재를 필요로하는 고도기술의 노동 과정에서도, 또한 개별국가의 환경 및노동시장적 규제를 피해나가는 방법 등으로 다양하고 유연하게 활용되고 있다.

오늘날 세계무역의 약 3분의 1이 초국적기업들의 내부 네트워크를 통해 이루어진다는 사실은 전 지구적 자본관계에서 결정적으로 민족경제의 의미가 변화했음을 보여준다고 할 수 있다. 확실히 이는 자본 수출과 상품 교역에 기초한 기존 국제분업의 차원을 넘어선 일종의 새로운 국제분업이라고 얘기할수 있다. 이 새로운 국제분업의 활용, 또는 지구화를 통한 합리화와 유연화는 새로운 포스트포드주의적 축적전략의 핵심이다.[74]

셋째, 국가와 자본의 관계, 그리고 자본주의적 축적 과정에서 국가의 역할이 결정적으로 변화했다. 간략히 얘기하여, 국가의 새로운 역할은 전 지구적으로 유연하게 활동하는 자본에 다른 국가들에 비해 더 유리한 가치 증식 조건을 제공하기 위한 경쟁으로 특징지어진다. 이러한 국가들 간의 경쟁은 좀 더 많은 투자의 유치를 위해 초국적기업들에게 일방적인 양보를 일상화하는 소위 '바닥으로의 경쟁race to the bottom'이 출현하는 상황을 낳았다.[75] 그런데 이는 한 사회의 민주주의적인, 그리고 사회경제적으로 균형 잡힌 발전의 조건들과 정면으로 충돌한다.

자본의 전 지구적인 유연화 전략을 지원하기 위해 사회적 분열을 용인하는 국가의 출현은 자본주의적 국가 형태의 발전에서 새로운 것이며, 여러 학자들은 이 새로운 국가 형태를 신자유주의적 '경쟁국가Wettbewerbsstaat'로 개념화하고 있다.[76] 그러나 이 국가는 흔히 오해되듯이 경제적 개입을 포기하면서 시장에 의해 대체되는 것이 아니라 기업의 경쟁력이 의존하는 생산조건들의 개선을 체계적으로 지원한다. 바로 이 점에서 자본의 지구화는 행정적 국가 개입이 중요시되는 상황과 상충하지는 않는다. 왜냐하면 초국적기업들의 활동은 국민경제의 사회하부구조 및 지식자원에 더 의존적인데, 이 시설과 자원의 질은 정부의 산업·기술·교육정책 등의 결과이기 때문이다. 요컨대 지구화의 과정은 국민국가의 존재 의미를 박탈한 것이 아니라, 자본주의적 축적 과정에서 국민국가의 기능과 역할을 크게 변형시킨 것이다.

넷째, 신자유주의와 통화주의의 득세와 함께——아민이 '화폐화Monetarisierung'라고 지적한——국민소득의 분배가 화폐대출자들 및 이자생활자들에게 일방적으로 유리하게 전개되는 상황이 등장했다.[77] 한때 케인즈주의적 헤게모니 블록에 의해 안락사 선고를 받았던 화폐자산 소유자들은 신자유주의 및 통화주의의 등장과 함께 극적인 부활을 경험하게 된 것이다. 화폐자산 소유자들과 금융자본은 이제 노동사회 및 산업자본의 권력에 순응하지 않을 뿐만 아니라, 그들에게 화폐적 안정과 높은 이자율이라는 자신의 이해를 강요한다. 그 결과 이자율은 인플레이션에 대한 보상은 물론, 채권의 위험에 대한 프리미엄을 포함한 채 형성되었다. 예컨대 미국의 경우 레이건 정부 출범 이전에는 0.3%에 불과했던 장기실질이자율이 1983년 8.1%로 급상승했고, 대부분의 선진자본주의 국가들에서도 미국만큼 극적이지는 않더라도 유사한 변화가 일어났다.[78] 특히 국제금융시장에서 이 프리미엄을 합한 이자율은 간혹 채무국들을 폐허화할 정도로 높은데, 1980년 12월 폴란드의 지불불능선언에서 시작해, 1982년 8월 멕시코, 그리고 같은해 11월 브라질로 확산된 1980년대의 채무 위기가 이를 극명하게 보여주고 있다. 금융지구화로 알려진, 오늘날 지구화 과정의 가장 불안정한 측면으로 등장한 이 발전에 대해서는 제4장에서 자세히 살펴볼 것이다.

포드주의적 축적체제가 일종의 계급 타협을 통한 사회적 합의에 기초해 발전했듯이, 포스트포드주의적 축적체제 역시 독특한 사회세력 관계에 기반해 성립했다. 이 세력 관계는 무엇보다 노동에 대한 자본의 우위 및 새로운 지배세력들의 노동

배제전략으로 특징지어진다. 노동세력의 약화는 포드주의적 축적체제의 위기 이후 등장한 다음과 같은 사회경제적 변화와도 관련 있다. 포스트포드주의적인 노동조직원리의 도입과 지구화를 통한 자본의 합리화 전략은 노동시장의 유연화와 분절을 동반하여 파트타임, 임시계약직, 파견직 등 비정규직 노동자들의 비율을 급격히 증가시켰다. 이 변화가 정규직 남성 노동자들을 중심으로 조직된 기존 노동조합의 기반을 잠식하는 것이었음은 물론이다. 또한 기업의 초국적화와 더불어 같은 기업 내부에서조차 노동자들의 이질성이 증가하는 반면, 이 이질성을 극복할 초국적 연대 공간은 거의 확보되지 않음으로써 노동의 세력은 더 약화되었다.[79] 또한 노동의 영향력 쇠퇴는 포드주의의 위기 이후 등장한 자본의 지속적이고 집요한 정치적 공세의 결과라는 사실 역시 간과해서는 안 될 것이다.

포드주의적 축적체제에 대비되는 포스트포드주의적 축적체제의 특징들은 다음의 〈표 2〉에서와 같이 요약될 수 있다. 한 가지 주목할 사실은 포스트포드주의적 축적체제는 포드주의적 축적체제에 비해 대단히 불안정하다는 사실이다. 이 불안정은 무엇보다 1980년대의 채무 위기, 1990년대 후반의 아시아 위기와 같은 전 지구적 규모의 금융적 불안정을 통해 표현되었다. 또한 공급측의 활성화와 지원을 통해 역동적인 경제성장을 달성하겠다는 신자유주의적 약속은 여전히 실현되지 않았다고 할 수 있다. 선진자본주의 국가들 대부분의 경제성장률은 황금시대에 비해 확실히 감소했고, 기업들의 투자는 대부분 기존 설비의 보충 또는 합리화를 위한 투자를 중심으로 이루어지고 있다. 기업의 확장을 위해서는 다른 기업을 사들이는 것이 일반화되었고, 실질투자의 희생에 기반해 금융자본이 형성되고 있다는 사실도 이 공급 중심주의적 축적전략의 한계를 드러낸다.[80]

포드주의적 축적체제는 붕괴했지만, 그렇다고 포스트포드주의적 축적체제가 포드주의의 위기의 원인을 궁극적으로 해결한 것으로 보이지 않는다. 신자유주의적, 통화주의적 노선은 위기를 해결했다기보다는 오히려 심화시켰다는 것이 지난 20년을 결산해본 결과이다. 전 지구적인 금융적 불안정은 물론, 최소한 황금시대의 선진자본주의 국가들에서 해결된 것으로 보였던 대규모의 실업, 분배 문제, 절대적 빈곤의 재등장은 신자유주의적 프로젝트의 실패를 여실히 보여준다고 할 것이다.

〈표 2〉 포드주의적 축적체제와 포스트포드주의적 축적체제의 특징들

	포드주의적 축적체제	포스트포드주의적 축적체제
계급 차원	· 사회적 합의와 계급 타협 · 노동운동과 노동조합들의 정치적 인정 · 강력한(전국적) 노동조직	· 사회적 갈등의 용인 · 노동운동의 정치적 영향력 약화 · 노동조직의 유연화와 노동시장의 탈규제화
국가의 특징	· 케인스주의적 복지국가 · 총수요관리적 개입	· 신자유주의적 경쟁국가 · 공급 중심적 개입
자본의 관계	· 금융자본에 대한 생산자본의 헤게모니	· 금융자본과 초국적기업들의 헤게모니
성장 역동성	· 전통 부문의 해체와 근대화 · 고성장 / 실질임금소득의 상승 /내수시장의 중요성	· 자본주의적 관계의 서비스 부문으로의 확산 · 저성장 / 공급 중심적 재편 / 세계시장을 지향한 축적전략

제 4 장

금융지구화와
화폐의 정치

한 록가수에게 비친
선진국의 화폐와 제3세계에서의 독재의 관계

여보세요 피노체트씨
당신은 증오의 씨를 뿌렸습니다
당신을 유지하는 것은 외국에서 온 돈이지요
그러나 어느 날 그 돈이 끊기면
당신의 고문관들은 임금을 못 받을 것이며
당신의 무기들을 구입할 재정도 바닥날 것입니다 (…)
—Sting, "They dance alone" (1987)

포드주의적 축적체제의 붕괴 이후 가장 눈에 띄는 변화는 소위 '금융지구화'로 알려진 국제금융시장의 괄목할 만한 팽창이다. 1970년대 중반 이후 국제금융시장은 팽창에 팽창을 거듭, 상상을 초월하는 규모로 성장했다. 앞에서도 얘기했듯이 오늘날 국제금융시장에서 성사되는 하루 평균 거래액의 규모는 3조 달러에 이르고 있고, 이는 전 세계를 통틀어 이루어지는 하루 평균 무역액 100억 달러를 우스운 액수로 만들고 있다. 국제금융시장의 단 하루 매출액은 한국경제의 1년 총생산의 여덟 배가 넘으며, 세계 제3위의 경제대국인 독일의 1년치 국내총생산보다 더 많은 것이다. 이 엄청난 거래액을 만들어내기 위해 금융투기꾼들은 하루 24시간 수익성 높은 곳을 찾아 지구를 몇 바퀴씩 돌고 있다. 마르틴과 슈만은 이 상황을 다음과 같이 묘사한다.

"전문적 금융투기꾼들은 범 지구적으로 연결된 전자정보망을 하루에도 수십 번씩 거의 빛과 같은 속도로 움직인다. 이 정보망은 일종의 전자유토피아인데, 이것은 그 어떤 어려운 수학 문제보다도 훨씬 더 복잡하게 돌아간다. 예를 들자면 미국 달러를 엔화와 바꾸고, 곧이어 스위스 프랑과 바꾸고, 그리고 또 다시 미국 달러를 되사는 식으로, 불과 몇 분 사이에 환율거래꾼들은 한 시장에서 다른 시장으로, 뉴욕의 한 상대방에서 런던이나 홍콩의 다른 거래 상대에게로 휙휙 날아다닌다. 눈 깜짝할 사이에 수억의 거래가 이렇게 이루어진다. 투자기금 관리자들도 마찬가지다. 예컨대 투자신탁회사의 매니저들은 고객에게 받은 수십 억의 돈을 불과 몇 시간 안에 각국 각처로, 또 완전히 다른 종류의 주식이나 증권에 골고루 분산하여 투자하게 된다. 이렇게 해서 미국 정부의 공채는 전화 한 통화나 컴퓨터 단말기를 통해 순식간에 영국 정부의 국채로, 또는 일본시장의 주식·증권으로, 또는 터키 정부의 공채로 변신하게 된다. 일반화폐 외에도 자그마치 7만 가지가 넘는 종류의 유가증권이 전자통신망을 통해 세계의 국경선을 넘어 거래되고 있다. 이 어찌 환상적인 시장이 아니라고 할 수 있을까?"[81]

물론 이 시장은 소수에게 환상적 돈벼락을 의미하는 엄청난 기회일 수도 있지만, 동시에 또 다른 일부에게는 금융적 파탄을 의미한다. 더욱이 이 금융적 파탄의 연쇄 효과를 막기 위해 공적자금이 동원될 때, 국제금융시장은 국민의 세금을 소수의 투기꾼으로 이전시키는 효과적인 장치로 작동한다. 예컨대 1분만에 1억 달러를 버는 외환투기꾼들의 환상적인 소득의 이면에는——1992~93년의 유럽통화제도의 위기에서처럼——1분에 1억 달러 꼴로 손해를 보는 파리 중앙은행이 있다.[82] 이러한 부의 이전 메커니즘은 대부분의 제3세계 국가들이 국제금융시장에 종속된 현실 아래 전 세계적으로 작동하고 있으며, 날로 심화되는 전 지구적 규모에서 부의 양극화 현상의 한 중요한 이유라고 할 수 있다. 더욱이 국제금융시장의 팽창이 새로운 통신기술의 발전과 결합함으로써 금융적 불안정과 위험은 실시간에 전 지구적 규모로 동시에 확산되는 상황에 이르렀다.

금융시장의 팽창과 관련된 현실의 경제적·금융적 불안정과 사회적 긴장에도 불구하고, 금융지구화를 설명하는 기존의 주류이론들은 이 불안정과 긴장의 측면을 충분히 조명하지 않는 것이 사실이다. 예를 들어 국제관계이론의 한 지배적 설명틀인 자유주의적 접근은 금융시장의 지구화를 대부분 기술과 시장의 자율적 발전의 결과로서 이해하려고 한다. 이 입장에서 금융시장의 지구화는 기술 발전과 더불어 자본 이동성이 한번 확보되면 돌이킬 수 없는 것이 된다. 왜냐하면 이 이동성은 개별국가들의 자본 통제를 무력화하고, 이들에게 금융자유화 정책을 강제하기 때문이다.[83] 여기서 금융시장의 지구화는 기본적으로 시장경제의 합리성 추구의 결과로 이해되므로, 그 부정적 측면은 거의 언급되지 않는다. 국제관계이론의 또 다른 지배적 축인 (신)현실주의적 접근은, 금융시장의 지구화를 국제관계의 역사적 변화와 이 변화 속에서 진행되는 개별국가들의 정책적 선택을 설명하고 있다.[84] 이 입장에서 볼 때 금융자유화 정책들은 단순히 시장 압력의 결과라기보다는 자국 금융기관 및 기업들의 경쟁력을 강화하고, 국제금융시장의 막대한 재원에 쉽게 접근하기 위해 개별 국가들이 의도적으로 선택한 결과로 보인다.[85] 그럼에도 불구하고 정치, 경제, 사회에 미치는 금융지구화의 파괴적인 영향력은 여기에서도 단지 주변적으로만 취급되고 있다.

금융지구화의 파괴적 영향력에 대한 분석은 시장 중심적인 자유주의적 이론 또는 국가 중심적인 현실주의적 이론만으로 수행되기에는 어려움이 있으며, 금융적 불안정과 위기를 이론의 핵심으로 내포하는 설명틀을 요구한다고 할 것이다. 바로 이 점에서 금융적 불안정을 자본주의적 축적 과정의 고유한 것으로 이해한 마르크스와 케인즈의 문제의식은 재음미될 필요가 있다. 마르크스와 케인즈의 전통에 선 비판적 정치경제학의 입장에서 금융시장의 지구화는 전 세계적 규모에서 화폐적 축적이 실물경제의 축적으로부터 점차 자립화하는 것을 의미한다. 물론 현실에서 화폐적 축적의 자립화는 포드주의적 축적체제의 깊은 위기를 배경으로 신자유주의적, 통화주의적 노선이 득세함으로써 가능해진 것이며, 지금까지 우리는 이 변화를 추적해왔다. 제4장의 과제는 화폐적 축적이 왜, 그리고 어떻게 상품과 서비스의 생산·유통·소비라는 실물경제적 조건으로부터 자립화하는가를 규명하는 것이다. 이 작업은 자본주의적 축적 과정에서의 화폐의 기능에 대한 이론적 이해를 전제한다. 따라서 우리의 작업은 정치경제학의 경쟁적 구상들이 어떻게 화폐를 상이하게 이해하는지에 대한 논의에서 시작된다.

1. 정치경제학의 경쟁적 구상과 화폐에 대한 상이한 이해

정치와 경제의 관계에 대한 이해방식을 기준으로 정치경제학을 크게 분류한다면, 두 가지 경쟁적인 구상이 존재한다고 할 수 있다. 정치의 우선성을 강조하는 입장과 경제의 우선성을 강조하는 입장이다. 무엇보다 신고전학파적 가정, 즉 경제적 과정들의 안정적인 균형 가능성에서 출발한 논의들은 정치에 대한 경제의 우선성을 강조한다. 오늘날 지배적인 신자유주의적 논의들 그리고 다양한 통화주의적 설명 모델들이 여기에 속한다고 할 수 있다. 이들에 따르면 사적 부문은 본질적으로 안정적이며, 균형을 창출하는 강력한 경향을 지닌다. 정상적인 균형 상태의 교란은 외부로부터 온 것이거나 아니면 우연적인 성격의 것이다. 따라서 정치는 경제적 과정들이 스스로 균형을 되찾을 수 있도록 개입하지 않는 것이 최선의 선택이다. 정치의 과제가 있다면, 그것은 시장이 원활하게 작동할 수 있는 기본적인 틀을 유지하는 데에 한정된다는 것이 신고전학파의 문제의식이며, 이는 시장논리 및 화폐 안정의 우선성을 강조하는 신자유주의적, 통화주의적 조류들에 의해 공유되고 있다.

그러나 마르크스주의적, 그리고 또한 케인즈주의적 전통에 선 이론들은 경제에 대한 정치의 우선성을 강조한다. 마르크스주의적 정치경제학은 신고전학파가 상정한 균형과 안정화의 조건들이란 현실의 경제에서는 결코 존재하지 않으며, 오히려 불안정과 불균형이 자본주의적 축적 과정을 특징짓는다고 생각한다. 케인즈주의적 전통에 선 정치경제학 역시 경제적 불안정을 자본주의 사회의 고유한 특성으로 이해한다. 그러나 이 불안정은 원칙적으로 정치적 조절에 의해 완화될 수 있다. 따라서 제한적이기는 하지만 정치적 개입에 의해 사회경제적 관계들을 안정과 균형으로 이끌 수 있다고 본다.

마르크스주의적, 그리고 케인즈주의적 이론들은 시장에 의한 효율적 자원 배분과 안정적 균형 창출이라는 신고전학파적 가정을 기각하는 데서,[86] 그리고 경제적 불안정이 자본주의 사회에 본질적이라는 사실을 강조하는 데서 유사한 문제의식을 가지고 있다.[87] 나아가 이 두 입장 모두 불균형적이고 불안정한 위기에서 사회적 변화의 가능성을 발견한다는 점에서 정치적으로도 일정하게 수렴하고 있다.[88] 마트펠트가 강조하듯이, 케인즈주의 역시 사회적 합의와 정치적 합리성에 기초하여 자본주의적 경제법칙들을 제한하려는 시도에 지나지 않으며,[89] 이는 정치의 사회화 또는 국가의 사회로의 환원을 통해 궁극적으로 정치적·경제적 강제로부터의 해방이라는 전망을 제시한 마르크스적 문제의식과 크게 다르지 않다고 할 수 있다. 물론 마르크스에게 자본주의적 불안정의 극복은 프롤레타리아트 혁명이라는 매우 근본적인 정치적 변화를 통해서 가능하다. 이에 비해 케인즈적 프로젝트는 좀 더 개혁적인 것으로, 자본주의 체제 내에서도 정치적 개입에 의해 사회경제적 관계들을 안정과 균형으로 이끌 수 있다고 확신하고 있다. 마르크스와 케인즈는 자본주의 사회를 분석할 때 상이한 이론틀과 접근 방식을 사용했음에도 불구하고, 경제에 대한 정치의 우선성을 강조한다는 점에서 일종의 통합 가능성을 보이고 있다.[90]

　정치와 경제의 관계를 상이하게 파악하는 정치경제학의 경쟁적 구상들은 화폐의 이해에서도 서로 다른 입장을 보인다. 신고전학파적 가정에 선 신자유주의적, 통화주의적 이론들은 화폐를 실물경제에 중립적인 일종의 '인위적 창조물'로 파악한다. 화폐는 생산, 분배, 교환, 축적, 투자 등의 경제 과정들을 중개·자극·가속화하기 위해 인간들에 의해 발명된 수단 또는 도구라는 것이 이들의 입장이다. 화폐는 물론 자신의 상대적인 희소성에 의해 실물경제 과정들에 영향을 미치지만, 인위적 창조물인 까닭에 실물경제 과정에 외적이며 또한 실물 과정에서 등장하는 것도 아니다.[91] 그러나 화폐는 실물경제 과정을 매개할 뿐만 아니라, 촉진 또는 방해하는 방향으로 작용할 수 있으므로, 경제 과정을 조정하는 수단으로 도구화될 수 있다. 이러한 이론적 전제 아래서 화폐영역의 '자립화'를 얘기하는 것은 의미가 없으며, 화폐적, 그리고 이로 인한 실물경제적 기능 장애는 단지 잘못된 화폐·신용·금융·통화정책의 결과일 뿐이다. 요컨대 화폐의 중립성을 전제한 통화주의자들은 화폐 형태 및 범주의 내용에 대해서는 전혀 개의치 않은 채, 실물경제가 원활하게 작동하는 데 필요한 화폐량의 공급에 분석을 집중하고 있다.

마르크스주의적 경제 비판 역시 자본주의 이전의 사회들과 관련해 위와 같은 화폐론, 즉 실물경제 관계에 외적인 화폐 이해를 공유하고 있다고 할 수 있다. 그러나 자본주의 생산양식에서 존재하는 화폐의 독특한 역사적·사회적 형태 특성은 전자본주의 사회와는 근본적으로 다른 화폐 개념을 부여한다. 자본주의적인 생산조건들 아래서 화폐는 전체 경제의 가치생산물에 대한 일종의 실체적인 대표자 역할을 수행한다.[92] 이 대표자가 스스로 가치를 가져야 한다는, 곧 상품이어야 한다는 마르크스의 주장은 금에 연계된 당시의 화폐 형태를 염두에 둔 것이다. 오늘날의 지폐 또는 완전히 탈물질화된 화폐 형태들——신용카드, 사이버머니 등——의 경우, 일종의 간접적인 가치 표현을 상정할 수는 있으나 그 화폐가 표현하는 것은 사회적 총생산물의 가치량과 관련된 것이다.

마르크스주의적 입장과는 달리 케인즈주의적 이론들은 기본적으로 명목적인 화폐론을 추종한다. 즉 화폐는 비물질적인 것이며, 국가에 의해 권위가 부여된 하나의 제도 또는 상징으로 이해된다. 그러나 신고전학파와 달리 케인즈주의는 화폐를 경제에 중립적인 것으로 보지 않는다. 왜냐하면 화폐는 생산(공급)과 상품가치의 실현(수요)이라는 사회적 관계를 매개할 뿐만 아니라, 동시에 가장 확실한 자산으로서 자신의 가격(이자)을 통해 생산의 기준 척도로 작용하기 때문이다. 케인즈에 따르면 생산적 축적은 자본의 한계수익률이 이자율보다 높을 때 진행되는데, 지속적인 생산과 더불어 자본의 한계수익률은 하락하는 경향이 있는 반면, 이자율은 화폐의 속성에 내재되어 있는 유동성 선호로 말미암아 하락하는 경향이 약하다. 따라서 이자율이 자본의 한계수익률의 하락에 상응하여 장기적으로 떨어지지 않는다면, 생산적 축적의 장애가 발생하며[93] 그 결과 고리대금업자 또는 기생적 자본의 경제적 지배가 강화된다. 그러나 중앙은행은 시장경제체제의 '비상브레이크', '경찰' 또는 '최고감독자'로서 경제에 개입함으로써 위와 같은 상황을 방지할 뿐만 아니라 기생적 자본에게 안락사를 처방해야 한다.

이상에서 지적한 화폐에 대한 이해의 차이는 경제적 또는 경제정책적 차원에서 다음과 같은 상이한 결론으로 연결된다. 마르크스주의적 접근은 사회적·생산적 노동의 영역이 우선이며, 이것의 기능조건들이 필요한 화폐·금융수단의——일정 한계 내에서 가변적인——양을 결정한다고 본다. 만약 금융적 불안정이 지속된다면, 그것은 화폐적 문제일 뿐만 아니라 동시에 실물경제적 원인들을 가지고 있다는 것이 마르크스주의적 입장이다. 반면 신자유주의적, 통화주의적 논의들은 수미일관되고 응집력 있는 화폐·신용·금융·통화정책의 결합이 실물경제적 과정들을 번창시킬 수 있다고 생각하며, 바로 이 때문에 이 정책들의 우선성이 강조되고 있다. 나아가 마르크스주의적 입장의 논자들이 화폐·금융영역의 생산영역으로부터의 '이탈' 또는 '자립화'를 얘기할 때, 이것은 위험한 결과들을 동반하는 경제의 구조적인 기형적 발전을 야기하고 있음을 지적하고 있는 것이다. 신자유주의적, 통화주의적 조류들도 불일치, 불완전한 정책 결합, 교란 등에 대해 얘기하지만 이는 경제적·구조적 문제라기보다는 정책적·행위적 결함이다. 따라서 원칙적으로 쉽게 치유될 수 있는 것이다. 단순화하여 얘기할 때, 케인즈주의적 전통의 논자들은 마르크스주의와 통화주의의 입장의 중간에 서 있다고 할 것이다. 특히 독일의 화폐케인즈주의자들을 포함하여 후기케인즈주의자들이 화폐가 단기적으로뿐만 아니라 장기적으로도 비중립적이라는 사실을 인정하고, 또한 시장체계가 조화롭고 균형적이기보다는 자기파괴적인 힘을 보유하고 있다는 사실에 동의하면서 시장에 대한 정치적 개입과 조절을 요구

할 때, 이는 통화주의보다는 마르크스주의 쪽으로 접근하고 있다고 할 수 있다.[94]

요약해보자. 마르크스적, 그리고 케인즈적 전통의 화폐론은 화폐 관계를 실물경제로부터 분리시키는 신고전학파적 입장을 기각한다. 결국 화폐는 생산자본이라는 '실물적' 형태로는 물론, 상품자본으로, 나아가 화폐자본이라는 '화폐적' 형태로 동시에 옆에서 그리고 순차적으로 앞뒤에서 존재하기 때문이다. 따라서 화폐는 생산과 결코 분리될 수 없고, 경제 과정에 중립적일 수도 없다. 그렇다면 화폐는 자본주의적 재생산 과정에서 어떤 기능을 수행하는가? 그리고 화폐의 어떤 특정 기능이 화폐적 축적의 자립화를 가져오는가? 나아가 이 자립화는 어떻게 다시 실물경제의 축적에 영향을 미치는가?

2. 화폐의 기능과 화폐적 축적의 자립화

상품생산사회의 모순은 이 사회가 노동사회Arbeitsgesellschaft이자 동시에 화폐사회Geldgesellschaft라는 사실이다.[95] 여기서 가치의 실체는 노동에 의해 형성되지만, 가치의 형태는 화폐로 발전하며, 화폐는 다시 사회적 관계들을 분열하고 첨예화한다. 아주 단순한 예로 다음의 경우를 생각해보자. 힘겹게 노동하여 커피를 생산한 브라질의 농부가 국제금융시장에서의 투기에 의해 커피 가격이 폭락함으로써 농사를 위해 빌린 대출금을 갚지 못하고 자살을 했다. 실제로 현실에서도 종종 일어나는 이러한 예가 보여주듯이 화폐는 노동사회를 분열하며 노동사회의 강제로 등장한다. 노동사회의 긍정적인 소식들이 화폐사회에게 불길한 징후로 들리는 경우는 또 얼마나 많은가! 월스트리트의 주식투기자들, 즉 화폐 소유자들은 고용의 증가 또는 임금의 상승에서 인플레이션의 위험과 이에 따른 이자율의 상승을 예측하고 주식을 팔아댄다. 이러한 현상들은 도대체 화폐의 어떤 기능과 관련이 있는가?

첫째, 화폐는 우선 가치의 척도로서 기능한다. 화폐는 소재적으로 상이한 상품들의 등가교환 과정을 가능하게 하는 측량화 또는 동일화의 수단이다. 화폐를 통해 모든 상품은 화폐적 질로 환원되고, 단지 양적인 차이만이 드러나게 된다. 화폐는 '더 나은 것'보다는 '더 많이 가진 것'을 중요하게 만들며, 존재에 대한 소유의 승리를 가능하게 한다.

둘째, 화폐는 또한 유통 수단으로서 상품의 구매와 판매를 매개한다. 여기서 화폐는 자본주의적 총순환의 개별 단계로서 단순유통 안에서의 화폐이다. 화폐에 의해 매개되는 유통은 "물물교환에 존재하는 직접적 동일성을 판매와 구매라는 대립적 행위로 분열시킴으로써, 물물교환의 시간적, 장소적, 개인적 한계를 타파한다."[96]

셋째, 노동자에게 화폐는 유통 수단으로서 단순한 화폐에 불과하지만, 자본가에게는 화폐자본으로 기능할 수 있다. 자본가는 화폐를 생산 과정에 투여함으로써 가치를 증식시킬 수 있다. 화폐는 "자본주의적 생산의 기초 위에서 자본으로 전환될 수 있으며, 이 전환에 의해 화폐는 주어진 고정적인 가치로부터 자기 자신을 증식하여 가치를 증가한다. 화폐는 이윤을 생산한다. 화폐는 곧 자본가로 하여금 일정한 양의 부불노동, 잉여생산물, 잉여가치를 노동자들로부터 뽑아내어 취득할 수 있게 한다."[97] 마르크스의 도식을 이용하자면, 화폐는 G－W－G′(화폐－상품－가치가 증식된 화폐)로 기능한다.

넷째, 자본주의적 신용체계가 발달한 오늘날에는 점차 그 의미가 퇴색했지만, 화폐는 축장수단이 될 수 있다. 특히 금, 은과 결합된 금속화폐의 경우, 화폐는 흔히 가치보존수단으로서 기능했다.

다섯째, 화폐는 지불수단이다. 이 기능은 특히 오늘날 국제금융시장에서의 화폐의 기능과 관련해 결정적인 의미를 갖는데, 마르크스는 이 기능의 등장을 다음과 같이 설명한다.

"상품유통의 발전과 더불어, 상품의 양도를 상품가격의 실현으로부터 시간적으로 분리시키는 상황이 등장한다. …어떤 상품 종류는 그 생산에 비교적 긴 시간을 필요로 하며, 다른 상품 종류는 비교적 짧은 시간을 필요로 한다. 상품이 다르면 그것이 생산되는 계절도 달라진다. 어떤 상품은 생산된 그 지역에서만 판매되지만, 또 다른 상품은 원거리 시장으로 여행하지 않으면 안 된다. 따라서 어떤 상품 소유자는 다른 상품소유자가 구매자로 등장하기 전에 판매자로서 등장할 수 있게 된다. …다른 한편 어떤 종류의 상품, 예컨대 가옥의 이용은 일정한 기간을 정하여 판매된다. 그 기간이 끝나야 비로소 구매자는 그 상품의 사용가치를 실제로 받게 되는 셈이다. 그러므로 구매자는 그 상품을 지불하기 전에 먼저 사는 셈이다. 한쪽의 상품 소유자는 현존하는 상품을 판매하는데, 다른 쪽의 상품 소유자는 화폐의 단순한 대표자로서 또는 미래의 화폐의 대표자로서 구매한다. 판매자는 채권자가 되며, 구매자는 채무자가 된다. 이 경우에 상품의 변환, 또는 상품의 가치 형태의 전개가 달라지기 때문에 화폐는 또 다른 기능을 획득한다. 화폐는 지불수단이 된다."[98]

위의 인용문을 통해 알 수 있듯이, 여기서 지불은 일상적 의미의 지불을 의미하는 것이 아니라——이 기능은 유통수단으로서 화폐가 담당한다——신용의 계기와 요소들을 내포하는 개념이다. 지불수단으로서 화폐는 일종의 청구권, 즉 자산 가치이며, 그 반대편에는 채무 또는 빚이 존재한다. 여기서 화폐는 중립적인 것이 아니라 채권자와 채무자로 사회를 분열시키면서 불평등한 사회 관계를 구성한다. 화폐자산이 증가하면 당연히 채무도 증가하며, 마찬가지로 채무가 증가해도 화폐자산 역시 증가한다. 채무의 양에 놀라거나 흥분하는 사람은 화폐자산에 대해서도 침묵하지 말아야 하며, 또한 국가의 채무 증대를 비난하는 사람은 사적 화폐자산의 증가 역시 자연스러운 것으로 바라보지 않아야 할 것이다. 화폐의 지불수단으로서의 역할은 상징적으로 $G-G'$(상품으로의 전환을 매개하지 않는 화폐 자체의 가치 증식)로 표현할 수 있다.

화폐의 기능은 자본주의적 신용체계의 발전과 더불어 일정한 변화를 겪는다. 화폐의 특정 기능은 점차 사라지고, 화폐의 다른 기능은 더욱 강화되는 것이다. 예컨대 신용체계의 발달과 더불어 축장수단으로서 화폐의 기능은 사라지는 데 반해,

지불수단으로서 화폐의 역할은 크게 강화된다.[90] 오늘날 국제 금융시장의 하루 평균 거래액 3조 달러와 하루 평균 무역액 100억 달러의 수치를 대비시켜 이야기할 때, 금융지구화 시대의 세계시장에서 화폐는 단지 1% 미만이 유통 수단으로 기능하며, 99% 이상이 지불수단의 역할을 수행하고 있다고 할 것이다.

화폐의 원활한 기능 유지에서의 결정적인 문제는 화폐의 소재적 측면이 아니라 화폐의 가치 확정의 문제이다. 상거래의 역사를 살펴보면, 이미 오래전 금과 은을 대신해 종이들——수표, 어음, 은행권 등——이 등장했다는 것을 알 수 있다. 또한 오늘날 완전히 탈물질화된 사이버머니조차 화폐의 역할을 훌륭하게 수행한다. 따라서 어떤 소재 또는 어떤 상품이 화폐의 지위를 획득하는가가 결정적이라기보다는 화폐가 어떻게 자신의 가치를 확정하고 유지하는가가 더 본질적인 문제라 할 것이다. 그런데 이 문제는 금본위제 아래서 상대적으로 쉽게 해결될 수 있었다. 여기서는 궁극적으로 금의 금속가치가 화폐가치를 결정했기 때문이다. 금본위제가 해체된 후, 화폐의 가치 확정의 문제는 중앙은행 안으로 제도화되었다. 중앙은행은 화폐를 가능한 희소하게 유지함으로써 내적으로는 인플레이션을 차단하고, 외적으로는 다른 통화들과의 경쟁에서 안정적 위치를 고수하려 노력하는 것이다.

화폐는 또한 가격을 가지고 있는데, 이것이 바로 이자이다. 이자는 화폐가 발전된 자본주의적 관계들 아래서 이윤 생산의 수단이 되는 화폐자본으로 기능할 수 있기 때문에 발생한다.[100] 화폐를 화폐자본으로 사용하는 사람은 반드시 이윤을 생산해야 하고, 그중 일부를 자신이 빌렸던 화폐의 가격인 이자로 내놓아야 한다. 화폐는 이와 같이 자신의 가격, 즉 이자를 통해 생산에 대한 강제로 작용하는 것이다.

이자는 이윤으로부터 나오며, 이자에서 화폐적인 크기만이 아니라 실제적인 가치량이 문제되는 한, 그것은 노동 과정에서 창출된 잉여가치의 일부분이라고 할 수 있다. 일상언어는 이자수입생활자들을 호의적으로 묘사하지 않지만——예를 들어 '기식자', '기생적 자본' 등——빌려준 화폐의 가격으로서 이윤의 일부를 요구하는 것이 비정상적인 것은 아니다. 자본주의 사회에서 채권자는 채무자가 될 수 있으며, 채무자 역시 채권자가 될 수 있다. 문제는 채권자와 채무자의 관계에 전혀 변화가 일어나지 않음으로써, 전자가 후자에게 지속적으로 이자를 제공하는 일방적인 사회경제적 관계가 재생산되는 상황이다. 물론 채무자가 자본가라면 큰 문제가 없을 듯이 보인다. 자본가는 획득한 이윤의 일부를 이자로 지불할 수 있기 때문이다. 그러나 여기에는 동시에 자본과 노동의 분배 관계, 즉 임금과 노동 관계까지 포함되어 있다. 왜냐하면 이자는 생산 과정에서 생산성 상승을 강제하며, 생산된 소득에 대한 임노동과 자본 간의 분배비율의 변화 가능성을 제한하기 때문이다. 이자율의 크기는 생산과 분배에 영향을 미친다. 이자율, 생산성, 이윤율의 관계에서 우리는 다음과 같은 다섯 가지 경우를 생각해볼 수 있다.[101]

① 이자가 아예 없는 경우이다. 이는 이슬람적 또는 아리스토텔레스적인 이자 금지가 가능한, 경제적으로 정체된 사회에서나 가능하다.[102]

② 이자율보다 생산성 상승률이 더 높은 경우, 생산성이 상승하고 있는 한에서는 이자 상환의 문제가 없다. 왜냐하면 지불해야 할 이자에 대한 부담보다 나눌 수 있는 빵의 크기가 더 빨리 커지기 때문이다.

③ 이자율보다 이윤율이 더 높은 경우 역시 이자 상환의 문제는 없으며, 축적의 장애도 되지 않는다. 즉 이자를 지불하고도 이윤이 남는 상황이라면, 여전히 투자는 매력적이다.

④ 이윤율보다 이자율이 높다면, 이자 상환은 생산의 토대를 잠식하며, 축적률은 급격히 저하한다. 실제 벌어들이는 이윤보다 이자를 더 많이 지불해야 한다면, 자본가는 새롭게 투자하기를 꺼릴 것이다. 또한 기존에 생산 영역에 투자되었던 자본들도 이제 더 높은 이자를 목적으로 금융 영역으로 쏟아져 나올 것이다. 그 결과 축적률은 급격히 하락한다. 이는 단순히 이론적인 문제가 아니라 1970년대 중반 이후의 영국, 1980년대의 라틴아메리카 등에서 실제 등장했던 상황이다.

⑤ 생산성 상승률보다 이자율이 더 높다면, 이자 상환은 임금과 이윤측에 부담을 지우는 재분배를 통해서만 가능하다. 왜냐하면 나눌 수 있는 빵의 크기가 커지는 속도보다 이자에 대한 부담이 더 크기 때문이다. 또는 빵의 크기는 커지지 않는데, 이자는 여전히 과거의 높은 수준을 유지하는 경우에도 동일한 상황이 발생한다고 할 수 있다.

①, ②, ③의 경우는 실물경제의 축적 과정에 문제를 야기하지 않지만, ④와 ⑤의 경우는 축적의 둔화는 물론 생산된 가치의 재분배까지 요구한다. 즉 화폐의 가격인 이자가 생산성 발전 및 이윤 생산이라는 실물적인 노동사회적 조건으로부터 이탈되어 형성될 때, 그 이자는 실물경제의 수행 능력을 극도로 긴장시킬 뿐만 아니라 경제적·사회적 재분배 과정을 강제한 것이다. 그런데 마르크스와 케인즈가 암시한 것처럼 이자의 형성은 채권자와 채무자의 권력 관계에 의존한다. 포드주의의 황금시대에 케인즈주의적 국가는 이자율을 낮게 유지함으로써 금융자본에 안락사를 선고했는데, 이는 당시 사회적 합의를 배경으로 성립된 정치적 의지의 표현이었음은 물론이다. 또한 포드주의적 축적체제의 붕괴 이후 등장한 금융자본의 극적인 부활 역시 신자유주의적·통화주의적 세력의 정치적 득세와 더불어 비로소 가능해진 것이다.

앞에서 지적한 ②와 ③의 조건을 충족시키면서 실물경제의 축적을 지원하는 정치적 개입을 케인즈주의적 길이라고 한다면, ④와 ⑤의 상황을 감수하면서 화폐적 안정을 추구하는 정책을 통화주의적 길이라고 할 수 있다.[103] 케인즈주의적 길은 어떤 상황에서도 이자율을 이윤율보다 낮게 유지함으로써 화폐 영역의 자립화를 제한하고, 화폐가 실물경제로 투자되도록 유인한다. 이 투자는 다시금 생산 능력의 확장을 가져오고 더 많은 고용을 창출하며 이는 더 많은 소득으로 이어져 더욱 많은 생산물을 소비할 수 있게 한다. 반면 통화주의적 길은 이윤율보다 이자율이 높아지는 경우를 용인함으로써 화폐의 금융

영역으로의 투자를 촉진한다. 그러나 높은 이자율은 실물자본의 이윤율을 압박하며 그 결과 이자 조달과 상환의 어려움이 발생하고 이윤율은 더욱 더 하락하게 된다. 화폐적 축적은 점차 실물경제의 축적 과정으로부터 자립화하며, 금융적 불안정은 한층 강화된다.

3. 통화주의적 길의 득세와 국제금융시장의 팽창

1970년대 중반 이래 경험하게 되는 금융지구화는 한마디로 전 세계적 규모에서 통화주의적 길이 케인즈주의적 길에 대해 승리한 결과라고 할 수 있다. 그리고 이 승리는 단순한 경제정책상의 변화를 의미했던 것이 아니라, 전후 자본주의의 황금시대를 가능하게 한 포드주의라는 독특한 축적체제가 붕괴한 결과이다. 이미 강조했듯이 포드주의적 축적체제는 수익성의 위기와 인플레이션을 통해 무너졌고, 따라서 수익성의 회복을 주장하는 신자유주의적 프로젝트와 화폐적 안정을 요구하는 통화주의적 입장이 득세할 수 있는 길을 열었다.

국제금융시장은 1970년대 중반 이래 바로 이 포드주의적 축적체제의 위기를 배경으로 팽창하기 시작했다. 그리고 이 팽창은 무엇보다 실물 부문의 수익성 위기가 금융 영역에의 투자를 더 매력적인 것으로 만들었다는 사실에 그 원인이 있었다. 바로 이 점에서 국제금융시장으로 쏟아져나온 금융자본은, 수익성의 위기로 인해 더 이상 생산적으로 투하되지 않는,

즉 실물자본으로 전화되지 못하는 화폐자본을 의미했다. 국제금융시장의 유동성의 괄목할 만한 증가는 선진자본주의 국가들의 심각한 수익성 위기를 표현하고 있었다.

그러나 또한 국제금융시장의 팽창을 가속화시킨 계기로 브레튼 우즈 체제라는, 미국의 경제적·금융적 헤게모니 아래 안정적으로 작동했던 달러 중심의 국제통화체제가 붕괴된 사건이 있었다. 국제적으로 제도화된 조절에 의해 효과적으로 작동했던 고정 환율체제가 붕괴한 결정적인 이유는, 앞에서 지적했듯이 경제적 침체 과정의 결과 생산적으로 투하되지 못하는 과잉유동성 때문이었다. 이 과잉유동성은 1960년대 중반 이래 유로달러라는 형태로 국가의 통제를 벗어나 자유롭게 국경을 넘나들고 있었다. 원래 유로달러 시장은 미국 은행법의 규제를 피하기 위해 비미국계 은행에 예치된 채 본국으로 돌아오지 않은 달러에서 발전하기 시작했는데, 미국인들의 해외투자(1950~67년에 걸쳐 450억 달러)가 커지면서, 또한 미국 정부의 정치적(외국 정부에 대한 차관이나 증여 등으로 같은 기간 500억 달러), 군사적(외국에서의 군비 지출로 440억 달러) 지출이 늘어나면서 점차 불어났다. 더욱이 포드주의적 축적체제의 위기와 더불어 생산적으로 투하되지 않는 화폐자본의 규모가 커지면서, 이 시장의 부상은 거의 극적인 것이 되었다. "순수 유럽 통화시장의 규모는 1964년에 약 140억 달러 정도였는데 1973년에는 약 천6백억 달러 가량으로, 그로부터 5년 뒤에는 거의 5천억 달러로 증가했다."[104]

한편 이와 같이 해외 보유 달러액은 늘어나는 반면 미국의 금 보유량은 줄어드는 상황에서 세계화폐로서 달러의 안정성은 급격히 위협받게 된다. 기존의 브레튼 우즈 체제가 안정적으로 작동했던 중요한 이유 중의 하나는 달러의 가치가 금에 고정되어 있었고(1온스당 35달러), 실제 금과의 태환이 가능했기 때문이다. 당시만 하더라도 달러는 금만큼 좋은 것이 아니라, 달러 보유액으로부터 이자를 얻을 수 있었기에 금보다 더 좋은 것이었다. 그러나 1960년대 중반 이후 국제금융시장에서 누적되는 달러는, 달러가 영원히 금만큼 좋을 수는 없다는 두려움을 일반화했고, 동시에 점차 커지는 미국의 무역수지 및 대외수지의 적자폭은 미국의 채무 증대를 가져옴으로써 달러의 안정성을 더욱 의문시하게 만들었다.[105] 1971년 8월 15일 미국의 닉슨 대통령은 달러의 금태환을 무기한 중지시켰고, 달러는 그 후 '스미소니언 협정'이라는 잠정적 고정환율체제 아래서 평가절하를 거듭했다. 1973년 3월 19일 세계의 주요 중앙은행들은 달러에 대해 ±2.25% 범위 내에서 환율을 유지해야 하는 의무를 거부함으로써, 1971년 금태환정지 조치 이래 유일하게 남아 있던 브레튼 우즈 체제의 기본 원칙을 공식적으로 폐기했다.[106]

역사적 현실이 된 '트리핀 딜레마'[107]로 유명해진 미국 예일대 교수 로버트 트리핀Robert Triffin은 브레튼 우즈 체제 붕괴 후의 통화체제를 "아무것도 아닌 체제non system"라고 조롱했으며, 국제통화체제International Monetary System의 머리글자인 IMS를 국제통화스캔들International Monetary Scandal로 해석했다.[108] 그도 그럴 것이 국제통화체제는 그 후 극렬한 환율 변동과 변덕으로 특징지어진다. 화폐적 불안정은 환율의 자유화와 유연화라는 신자유주의적 교리로 치유되지 않았을 뿐만 아니라 이 교리와 더불어 더욱 증폭되었던 것이다.

국제금융시장 팽창의 또 다른 원인으로 산유국들로부터의 오일달러 유입 역시 지적되어야 한다. 원유가격의 급격한 상승 결과, 석유수출국기구(OPEC)에 속한 국가들의 경상수지흑자는 1973년 80억 달러에서 1974년 600억 달러로 늘어났다. 대부분 비민주적인 권력에 의해 지배되었던 이들 산유국은 새로운 소득을 사회적으로 유용한 목적에 활용함으로써 국내수요를 진작시키기보다는 이자를 얻기 위해 국제금융시장에서 회전시켰다.

마지막으로 국제금융시장의 팽창은 포드주의적 황금시대의 역설적 결과이기도 했다. 이 시기의 실질임금 상승과 국가의 사회복지 프로그램은 두터운 중산층을 만들어냈고, 이들의 저축은 국제금융시장을 형성하는 중요한 토대가 되었다. "이 기간 동안 역사상 유례 없이 많은 사람들이 자신의 직접적인 생활비 이상의 소득을 올릴 수 있기 때문에 많은 사회적 저축이 가능했다. 그런데 바로 이 돈이 이제는 금융시장에서 커다란 사회적 권력으로 등장하여, 보험회사, 은행, 투자기금회사 등이 노동조합 및 사회복지국가를 공격하는 데 원동력으로 활용되고 있다."[109]

4. 금융지구화의 결과들

1980년대 초반에 일어난 '통화주의의 쇼크'는 채권자와 채무자 관계의 역전을 표현하고 있었다. 채권자, 즉 화폐자산소유자들이 가장 꺼리는 것은 인플레이션인데, 이 인플레이션을 교정하려는 극적인 시도가 이루어졌다. 극도로 높은 실질이자율이 수년 동안 지속되면서 인플레이션의 원인이 강제로 근절된 것이다. 물론 그 대가는 생산적 투자의 활력이 질식되면서 짙은 경기 침체의 경향으로 나타났고, 대규모의 실업이 일상화되어버렸다.[110]

임금 소득에 대한 공격에 이어 등장한 이 통화주의의 쇼크는 특히 영국과 미국에서 기승을 부렸다. 예컨대 미국의 경우 레이건 정부 출범 이전에 0.3%에 불과했던 장기 실질이자율은 1983년 8.1%까지 올라갔다. 이 혹독한 이자율과 더불어 "시정이라 한다면 틀림없이 극적인 시정이 이루어졌다. 1년 반 만에 대처주의는 칼라한의 노동당 정권하에서 이룬 공업성장을 모조리 소멸시켰고(-15%), 레이건주의는 9개월 만에 카터 정권하의 공업 성장을 소멸시켰다(-10%). '경쟁적 정체정책'이라는 오도된 메커니즘은 중심부에서 유지되고 있던 경제 성장을 소멸시켰고, 미테랑의 프랑스와 같은 더 사회민주주의적인 국가나 경쟁력이 가장 강한 수출국(일본)까지 타파했다."[111]

그럼에도 불구하고 이 쇼크의 가장 큰 희생자들은——국제금융시장의 팽창과 더불어——'채무에 의존한 공업화'를 시작했던 신흥 개발도상국들, 그리고 국제금융시장에서 돈을 빌려 쓴 제3세계의 저발전국들이었다. 미국에서 실질이자율의 상승은 국제금융시장의 이자율을 동시에 끌어올렸는데, 더욱이 이들 (주변부)국가들에게 적용되는 이자율은 채권의 위험에 대한 프리미엄을 포함한 것이어서 더 높았다. 이 이자율은 거의 살인적인 수준이었고 간혹 채무국들을 폐허로 만들 정도로 극적인 것이었다. 1980년 12월 폴란드의 지불불능선언에서 시작해 1982년 8월 멕시코, 그리고 같은해 11월 브라질로 확산된 1980년대의 채무 위기는 이 상황을 잘 기록하고 있다.

구체적으로 브라질의 예를 들어보자. 채무 위기가 터졌던 1982년 브라질의 외채 규모는 약 800억 달러였지만, 1986년 말에는 무려 1,100억 달러에 이른다.[112] 외채의 이자를 지불하기 위한 브라질의 노력은 차라리 눈물겨운 것으로, 원목 수출을 위해 대규모의 원시림이 파괴되었고, 광석 채취 및 전기 수출을 위한 발전소 건립을 위해 아마존 유역이 훼손되었으며 육우 수출을 위한 대규모 목축농장들이 건립되면서 극도의 환경 파괴가 일어났다.[113] 그렇지 않아도 변변치 않은 정부의 사회예산은 외채 상환을 이유로 대규모 삭감되었으며, 상파울루와 리우데자네이루에는 거리의 아이들이 급격히 늘어나기 시작했다. 유례 없는 생태계 파괴와 사회적 분열을 동반한 수출 노력은 다행히 결실을 맺어 브라질은 채무 위기 이후 1986년까지 매년 120억 달러에 이르는 대규모의 무역흑자를 기록한다. 그러나 이 무역흑자——당시 세계 제3위 규모의——역시 외채 상환은커녕 이자 지불에도 역부족이었음은, 흑자에도 불구하고 더욱 늘어난 외채의 규모를 보면 알 수 있다.

1980년대는 브라질뿐만 아니라, 대부분의 제3세계 국가들에게 '잃어버린 10년'을 의미했다. 이 기간 동안 아시아의 몇몇 나라들[114]을 제외한 대부분의 개발도상국들에서 1인당 국민소득은 감소했는데, 이 감소는 통화주의의 쇼크의 직접적 결과였음은 물론이다. 이자를 갚기 위해 대부분의 개발도상국들은 새롭게 채무를 차용했으며, 그 결과 이자 지불 부담은 더욱더 늘어나는 악순환의 상황이 등장했다(〈표 3〉 참조). 금융지구화와 더불어 이제 전 지구적 규모에서 빈자들은 더욱 가난하게, 그리고 화폐자산 소유자들은 더욱 부유해졌다.

금융지구화로 표현된 화폐적 축적의 자립화는 1980년대의 채무 위기를 통해 제3세계 빈곤의 확장만을 가져온 것이 아니다. 금융 영역의 축적이 실물 영역으로부터 더욱 자립화되었음은 1990년대 들어 더욱 투기화된 국제금융시장의 발전을 통해 잘 알 수 있다. 예를 들어 1970년에서 1994년 사이 국제외환시장의 매출액은 전체 무역액이 세 배 증가한 데에 비해 무려 여덟 배로 늘어났다. 이는 주요 화폐들이 유통수단보다는 투기 대상으로 변화했음을 나타내는 지표이다. 만약 역사가 1990년대를 '외환투기의 황금시대'로 기억한다 할지라도——이 시기에 실제 투기로부터 자유로운 화폐가 거의 없었다는 사실을 고려할 때——반드시 과장은 아닐 것이다.

그러나 오늘날 국제금융시장에서 가장 우려할 발전은 금융파생도구들의 확산이다. 이자와 관련된 퓨처, 옵션, 스왑의 발행 누계는 1987년 말 1조 3천억 달러에 불과했지만 1993년 말에는 약 14조 달러에 이르며, 이 액수는 같은해 미국, 일본, 독

〈표 3〉 포드주의의 위기 이후 개발도상국들의 외채와 채무 이행의 규모

(단위:10억 달러)

연도	1970	1980	1986	1988	1990	1992
장기채무	61.61	480.85	995.86	1128.14	1209.84	1308.23
단기채무	–	164.88	179.14	209.97	273.96	315.68
장기채무에 대한 이자	2.4	35.32	57.58	66.12	59.07	57.12
국내총생산에 대한 외채 비율(%)	–	26.4	37.6	35.4	36.7	37.6
수출에 대한 채무이행 비율(%)	–	13.5	25.9	23.4	18.8	18.7
경상수지	-9.02	6.18	-64.35	-27.51	-39.20	-91.83

[출처: World Bank, *World Dept Tables*, Vol. 1(Washington D. C., 1994), 170쪽]

일, 영국의 국내총생산의 합보다 더 크다. 만약 이 액수에 평균적인 6%의 이자율을 적용할 경우, 약 8천4백억 달러에 달하는 이자 청구가 발생하는데, 이는 1993년 브라질과 멕시코의 국내총생산의 합을 넘는 금액이다.[115] 물론 이 액수들의 의미는 상대적인 것이지만——왜냐하면 잔액 누계는 지구적 금융체계 내부 상호 간의 청구권을 포함하고 있고, 또한 금융파생도구들에 있어 이자보다는 거래 성립시의 수수료가 우선 문제되므로——오늘날 화폐·금융 영역의 자립화 정도를 드러내는 지표로서는 충분한 것이다. 만약 예상치 않은 이자율의 등락으로 유가증권의 시세에 큰 변동이 생길 경우, 이 시세를 기초로 형성된 금융파생도구들은 크나큰 타격을 받을 것이며, 그 결과 실물경제 역시 큰 희생을 치르게 될 것이다. 특히 주목할

사실은 파생도구라는 금융 혁신이 새로운 첨단기술과 결합하면서 파괴적 잠재력이 더욱 커지고 있다는 점이다. 따라서 오늘날 국제금융계의 여러 인사들이 다음과 같은 경고를 하더라도 결코 과장된 것으로 들리지 않는다. "이 잠재력은 연쇄 작용을 통해 순식간에 전 세계를 파멸의 구렁텅이로 몰아갈 수 있다. 세계금융시장은 사회안정 측면에서는 차라리 원자력무기보다도 더 위협적이다."[116]

화폐적 축적의 자립화는 화폐 영역의 발전이 실물 영역에 의해 더 이상 직접적으로 규정되지 않는다는 의미이지, 화폐 영역의 발전이 실물경제에 영향을 주지 않는다는 의미는 결코 아니다. 오히려 이 자립화와 함께 위기의 가능성과 금융적 불안정은 더욱 커진다. 앞에서 지적한 브라질의 잃어버린 10년은, 화폐 영역의 변화가 실물경제 및 사회, 그리고 생태계의 발전에 어떤 참담한 결과를 가져올 수 있는지 잘 보여준다.

화폐는 단순한 경제현상으로, 또는 경제학의 한 측면으로만 취급되어서는 안 된다. 왜냐하면 화폐는 사회적 갈등의 외부에 존재하는 경제적 사실이 아니라 사회적 모순과 분열을 구성하는 권력 관계의 일부이기 때문이다. 경제에 대한 정치의 우선성을 강조한 마르크스와 케인즈의 문제의식은 오늘날 화폐의 문제를 분석하는 데는 물론, 이 문제의 해결책을 찾는 데도 의미 있다. 결국 화폐의 파괴력은 화폐의 권력이 정치적으로 조절되고 제한될 때에만 완화될 수 있기 때문이다. 금융지구화를 제한하는 정치적 조치와 연대의 모색은 화폐의 파괴력을 완화하는 중요한 첫걸음이 될 것이다.

한 록가수의 실현되지 않은,
오래된 두 가지 꿈

국가들이 없다고 상상해보라
그렇게 어려운 일이 아니지
죽을 필요도 죽일 이유도 없는
종교 역시 사라진
상상해보라 모든 민중들이
평화 속에 삶을 살아가는 모습을
—John Lennon, "Imagine" (1971)

권력을 민중에게로
권력을 민중에게로, 바로 지금
혁명을 원한다고 얘기하라
지금 여기에서 곧장
스스로 일어나
거리로 뛰쳐나가라
노래하라, 권력을 민중에게로
권력을 민중에게로
—John Lennon, "Power to the People" (1971)

1. 신자유주의 프로젝트로서의 지구화

지금까지 우리는 지구화를 20세기 자본주의의 역사적 발전이라는 관점에서 조망하는 작업을 시도했다. 우선 지금까지의 작업을 다시 한번 정리해보자.

한 시대의 번영은 기술적 차원만의 변화로는 성취되지 않는다. 근본적인 기술 혁신은 그것이 정치적으로 조절되지 않을 때 엄청난 재앙을 불러올 수 있다는 사실을 우리는 1930년대 세계경제대공황의 분석을 통해 확인했다. 전후 자본주의의 황금시대가 가능했던 것은 기술적 차원의 변화에 상응한 정치적 조절 형태를 발견했고 발전시켰기 때문이다. 요컨대 새로운 기술체계의 확산이 가져온 공급의 팽창(대량생산)은 케인즈주의적 국가의 개입과 조절에 의해 비로소 그에 걸맞은 수요(대량소비)를 확보할 수 있었다.

한 시대에 지배적인 정치적 조절 형태의 특징, 또는 국가 개입의 성격은 해당 사회의 세력 관계에 크게 의존한다. 바로 이 때문에 각 나라마다 포드주의적 발전의 다양한 변형이 등장했다고 할 수 있다. 예컨대 노동운동의 영향력이 미약한 미국과 상대적으로 강력한 노동운동이 존재하는 독일 사회의 차이는 미국과 독일에 성립된 '복지국가'의 차이를 이해하는 열쇠이다. 특히 파시즘을 직접 경험했던 유럽의 경우 반파시즘적인 사회적 합의가 강했고, 이는 더욱 강력한 반자본주의적 경향——또는 더 많은 '사회주의적', '수정자본주의적' 요구들——으로 표현되었다. 그럼에도 불구하고——미국을 포함하여[117]──황금시대의 선진자본주의 국가들 대부분에서는 노동과 자본의 합의 또는 계급 타협이 존재했다고 얘기할 수 있으며, 이러한 사회적 세력 관계가 케인즈주의적 국가를 축으로 한 포드주의적 축적체제의 성립을 가능하게 했다고 할 수 있다.

포드주의적 축적체제는 전반적인 생산성의 하락(포드주의적 노동조직원리의 한계), 이와 더불어 등장한 임금 상승, 그 결과 자본 수익성의 하락, 거기에 원자재 가격의 상승(유가 파동)이 등장하면서 붕괴했다. 문제는 이러한 경제적 변화에 기존의 정치적 개입이 대단히 무력했다는 사실이다. 케인즈주의적 사회국가는 국내 수요를 안정화시키는 조절 형태를 다양하게 발전시켰지만, 수익성의 위기로 표현된 공급측의 긴장을 완화시킬 어떠한 묘안도 가지고 있지 않았다. 바로 이 때문에 신자유주의적 공세가 효과적으로 관철될 수 있었다. 신자유주의는 한편으로는 병든 세계를 치유할 불가사의한 힘을 '시장'에 부여하는 이상화된 경제적 이데올로기이기도 했지만, 그러나 동시에 포드주의의 위기를 자본의 입장에서 공세적으로 해결하려는 매우 급진적이고 일관된 정치적 프로젝트였다. 공급측에 대한 지원, 시장을 통한 조절, 화폐 안정 위주의 경제 개입, 탈규제, 민영화, 자유화, 현대화, 지구화 등 여러 이름 아래 진행된 신자유주의적 공세는 자본에 대한 지원을 위해 국가 행위 영역들을 근본적으로 재편하는 결과를 낳았다.

신자유주의적 프로젝트의 핵심은 다양한 형태의 공급 친화적 요소들을 정착시켜 포드주의의 위기를 통해 드러난 자본수익성을 회복하려는 것이었다. 여기에는 임금 비용의 삭감, 새로운 생산품 및 생산 기술의 도입, 노동 조직 형태의 근본적 변화 및 이와 관련된 노동 관계의 유연화, 자본 집약적 설비의 가동 시간 연장과 사용 강도 강화, 기업에 대한 세제 혜택, 공급 측에 유리한 사회하부구조 구축 등이 포함되어 있다. 이러한 노력은 포스트포드주의적 축적체제라 지칭될 수 있는 새로운 축적체제를 태동시켰다. 포드주의적 축적체제가 케인즈주의적 국가를 축으로 작동했듯이, 이 포스트포드주의적 축적체제의 정치적 축——기업의 경쟁력이 의존하는 생산조건들의 개선을 체계적으로 지원하는——은 신자유주의적 '경쟁국가'이다. 나아가 이 국가가 기반하고 있는 사회적 세력 관계는 무엇보다 노동에 대한 자본의 우위 및 지배세력들의 노동배제전략을 그 특징으로 한다.

경제적 지구화는 포스트포드주의적 축적체제에서 가장 주목할 특징이다. 케인즈주의적 총수요관리정책의 퇴조는 국민국가의 틀을 벗어나 세계시장을 지향하는 경제 활동의 의미를 크게 격상시켰다. 또한 새로운 정보·통신기술의 발달은 초국적기업들을 기존의 공간적 제약으로부터 괄목할 정도로 해방시키면서 초국적 경제 형성의 주체로 부상시켰다. 이들 초국적기업들은 임금 비용, 노동력의 질, 환경 규제, 정부 지원, 시장 전망 등에서 가장 유리한 생산입지를 전 지구적 차원에서 유연하게 선택할 수 있게 되었다. 이는 자본 수출과 상품 교역에 기초한 기존 국제분업의 차원을 넘어선 일종의 새로운 국제분업이라고 얘기할 수 있다. 이 새로운 국제분업의 활용 또는 지구화를 통한 합리화와 유연화는 새로운 포스트포드주의적 축적전략의 핵심이다.

그러나 지구화는 불안정과 위기를 동시에 내포하며 진행되는 과정이다. 신자유주의의 공세 이후 진행된 실질임금의 하락, 공급 중심주의적 개입 및 '생산입지' 경쟁과 더불어 등장한 공급의 확장은 90년대 들어 전 지구적인 과잉생산의 문제를 뚜렷이 드러냈다. 임금이 정체된 상황에서 이윤이 지나치게 상승하는 것은 투기적 경향을 강화한다는 사실을 우리는 이미 세계경제대공황의 경험으로부터 배웠다. 과잉생산 그리고 금융 부문의 과잉팽창으로 특징지어지는 1990년대의 발전은 1920년대 후반 세계경제대공황 이전의 상황과 일정 부분 유사한 면을 보인다. 그러나 당시와 달리 오늘날은 지구화 과정을 담당하는——IMF, 세계은행, WTO, OECD, G7과 같은——세계시장적 기구가 존재한다는 사실에 주목해야 한다. 이 기구들의 존재가 물론 지구화 과정이 동반하는 불안정과 위기를 완화하지는 못한다 할지라도, 최소한 극적인 파국을 막고 있는 것은 사실이다.

지구화 과정이 가장 급속히 진행된 곳, 그리고 지구화의 문제점이 가장 전형적으로 드러나는 곳은 무엇보다 국제금융시장이다. 금융지구화로 알려진 국제금융시장의 팽창은 포드주의적 축적체제의 위기 이후 통화주의적 길의 득세와 함께 화폐적 축적이 자립화한 결과다. 오늘날 국제금융시장에서 화폐의 움직임은 생산과 교역이라는 실물경제적 조건으로부터 자립했다. 전 세계를 통틀어 이루어지는 하루 평균 무역액이 100억 달러를 겨우 상회하는 반면, 국제금융시장의 하루 매출액은 거의 3조 달러에 육박하고 있다. 화폐적 축적의 자립화는 매년 눈덩이처럼 불어나는 전 지구적인 화폐자산의 규모에서도 표현된다. 1999년의 경우 세계총생산은 잘해야 2~3% 늘어난 반면, 전 지구적 화폐자산은 전 해에 비해 무려 4분의 1이나 커졌다.[118] 이 엄청난 규모로 늘어나는 화폐자산은 실물경제의 축적 과정에 지대한 영향을 끼친다. 특히 화폐의 가격인 이자가 생산성 발전 및 이윤 생산이라는 실물적인 노동사회적 조건으로부터 이탈되어 형성될 때, 그 이자는 실물경제의 수행 능력을 극도로 긴장시킬 뿐만 아니라 경제적·사회적 재분배 과정을 강제한다. 우리는 이 재분배 과정이 금융지구화와 더불어 전 지구적으로 진행됨을 확인했다.

지금까지 우리는 지구화라는 과정 아래 이해한 대부분의 현상들이 포드주의적 축적체제의 위기, 그리고 이 위기에 대한 신자유주의적·통화주의적 대응전략과 관련 있음을 확인했다. 이로부터 우리는 다음과 같은 결론을 내릴 수 있다.

지구화는 현실이다. 그러나 지구화는 숙명이 아니다. 지구화는 자연 현상이 아니며, 시장의 논리에 의한 강제도 아니다. 오히려 지구화는 신자유주의라는 정치적 프로젝트의 내용이자 이 프로젝트가 지난 20년 동안 진행된 결과이다. 오늘날 진행되는 지구화에 대안이 없는 것은 아니다. 따라서 우리는 대안적 지구화를 얘기할 수 있다.

2. '제3의 길'?

　대안적 지구화를 언급하기 전, 일단 신자유주의에 대한 대안을 자처하고 나선 유럽의 소위 '제3의 길'에 주목할 필요가 있다. 1997년 '제3의 길'을 기치로 내건 블레어의 영국 노동당 집권을 필두로, 1998년에는 이와 유사하게 '신중도'를 내세운 슈뢰더의 독일 사회민주당이 녹색당과의 '적녹연정'에 성공했다. 그 결과——1997년 이래 연정을 주도하고 있는 프랑스의 사회당을 포함하여——유럽의 주요 3국은 모두 좌파정당이 집권하고 있다. 현재 유럽연합의 15개 회원국들 가운데 11개 국에서 좌파정당이 단독 집권 또는 연정의 형태로 정치권력에 참여하고 있으니, '제3의 길'은 이곳의 새로운 지배적 경향으로까지 보인다. 그렇다면 유럽에서 신자유주의는 종식되었는가?

　일반적으로 제3의 길에는 두 가지 유형이 있을 수 있다. 첫째, 한 시대에 지배적인 제1의 길과 제2의 길에 대한 근본적 대안으로서 등장한 제3의 길이 있을 수 있다. 예컨대 자본주의와 공산주의의 체제 경쟁과 냉전이라는 상황 아래서 등장한 유고식 자주관리사회주의는 제1세계(현실자본주의)와 제2세계(현실사회주의)에서 지배적인 발전의 길과는 분명히 구별되는 제3의 길을 지향했다. 이러한 제3의 길을 구상하는 것도 쉽지 않지만——유고의 경험이 시사하듯이——이를 성공시키는 것은 더욱 어려운 문제다. 이 프로젝트를 지지하는 사회세력들의 정치적 동원도 문제인데다가 지배적인 제1의 길과

제2의 길의 견제와 간섭 역시 만만한 것이 아니기 때문이다.

두 번째 유형의 제3의 길로는 제1의 길과 제2의 길의 정치적 중간에서 양자의 입장을 타협적으로 추종하는, 말 그대로의 중도노선이 있을 수 있다. 물론 이 노선의 주창자들은 양자의 장점들만을 발전시킨다고 얘기하겠지만, 양자의 단점이 동시에 수용될 가능성 역시 배제할 수 없다. 이 유형의 제3의 길 역시 성공이 보장된 것은 아니지만, 첫 번째에 비해 비교적 성공 확률이 높은 것도 사실이다. 특히 지배적인 제1의 길과 제2의 길의 역사적 생명이 다했을 때, 즉 이들이 새롭게 등장하는 문제들에 대해 어떠한 해결책을 제시하지 못할 때 제3의 길은 심지어 제1의 길과 제2의 길의 부분적 지지를 받으면서 권력에 등장할 수 있다.

몇 해 전부터 유럽을 달군 '제3의 길', '신중도노선' 등은 어느 모로 봐도 두 번째 유형에 속한다. 영국의 블레어는 물론 독일의 슈뢰더, 프랑스의 조스팽에 이르기까지 이들 '좌파 정부'의 등장은 노동당, 사민당 또는 사회당 정치의 일관성 있는 대안, 그리고 이 대안의 호소력 때문에 가능해진 것이 아니다. 1980년대 후반 이래 이들 대부분의 정당은 기존의 케인즈주의(제1의 길)와 점차 작별하면서, 1990년대 들어 신자유주의(제2의 길)의 공세를 적극적으로 수용하는 현실주의적 노선을 취했다. '제3의 길'은 하루아침에 하늘에서 떨어진 것이 아니라, 오랫동안 케인즈주의의 잔해 위에서 신자유주의적 지구화의 이상을 꿈꾸며 커왔던 것이다.

그런데 문제는 이 절충이다. 바로 이 회색빛 절충 때문에 유럽의 좌파정당들은 신자유주의적 공세에 대한 응집력 있는 좌파적 대안을 제출하는 데에 실패했고, 따라서 많은 관찰자들은 1990년대를 좌파 정당의 위기, 나아가 정치적 무능으로까지 특징지었다. 그렇다면 이들이 다시 정치권력의 핵심에 등장하는 극적인 반전은 어떻게 이루어졌는가?

유럽에서 '좌파 정부' 또는 '좌파 연정'의 등장은 좌파 정당의 강력함을 반영하는 것이 아니라 신자유주의적 프로젝트의 실패 또는 한계를 의미한다. 공급측의 활성화와 지원을 통해 역동적인 경제 성장을 달성하겠다는 신자유주의적 약속은 실현되지 않았을 뿐 아니라, 신자유주의는 바로 자신의 경제주의 또는 시장근본주의 때문에 점차 호소력을 잃어갔다. 신자유주의적 프로젝트의 한계는 대량 실업, 빈곤 등의 사회적 문제는 물론, 지구화와 관련된 엄청난 금융적·경제적 불안정을 통해서도 표현되었다. 그 결과, 자본의 장기적인 투자와 이윤 가능성을 보장하기 위해서는 시장 메커니즘이 사회적·정치적으로 규제되지 않으면 안 된다는 인식이 점차 일부 기업인들에게조차——최소한 유럽에서는——확산되었다. 그리고 이러한 변화가 바로 '제3의 길'의 성공을 가져온 것이다.

물론 유럽에서 '제3의 길'은 현실의 사회세력 관계에 상응해 상당한 변형을 보인다. 사회적 반대세력이 거의 붕괴된 영국에 비해, 강력한 사회운동이 존재하는 프랑스에서 '제3의 길'은 더 진보적이다. 그러나 '제3의 길'은 신자유주의의 잔해 위에서 여전히 신자유주의적 지구화의 망령을 쫓는다. 그리고 이 망령은 사회적으로 중재된 신자유주의라는 또 한 번의 절충의 모습을 띤다. 그러나 절충은 오늘날 지구적 자본주의의 심각한 문제들에 대해 해결책을 제시할 수 없다. 유럽, 아니 전 세계가 필요로 하는 것은 '제3의 길'이 아니라 신자유주의에 대한 근본적 대안으로서 제3의 길이다.

3. 대안적 지구화의 길

대안적 지구화의 길은 신자유주의와의 근본적 작별을 전제한다. 왜냐하면 시장의 자유에 대한 환상이 아니라 시장에 대한 정치적 규제와 조절을 통해서만 오늘날 지구화의 문제들이 해결될 수 있기 때문이다. 경제적 지구화의 과정이 이미 상당 부분 되돌릴 수 없는 현실로 진행된 이상, 경제적 지구화는 일종의 정치적 지구화에 의해 교정되어야 하며, 이를 통해 지구화와 관련된 불안정과 위기가 통제되어야 한다. 따라서 최소한 다음과 같은 네 가지 측면에 대안적 지구화의 길이 시작되고 진행되어야 한다.

첫째, 무엇보다 우선 국제금융시장이 규제되어야 한다. 우리도 소위 IMF사태를 통해 뼈저리게 경험했지만, 오늘날 투기적인 단기자본의 이동은 웬만한 규모의 개별 국가 경제를 순식간에 무력화시킬 정도로 위험천만한 것이 되었다. 몇몇 투기적 금융자본의 이익을 위해 수십만이 일자리를 잃고 길거리로 내몰리는 상황만큼 비민주주의적이고 반사회적인 경우가 도대체 어디에 있는가! 다행스럽게도 투기적인 단기자본의 이동에 대한 시민사회의 저항이 점차 커지고 있다. 외환거래세의 도입을 주장하는 금융거래과세연합Association for the Taxation of financial Transactions for the Aid of Citizens (ATTAC)[119]과 같은 국제적인 시민단체의 등장이 그 예이다. 이와 같은——흔히 '토빈세'로 알려진——외환거래세의 도입뿐만이 아니라 국제금융시장의 불안정을 제한하는 다양한 조치들이 논의될 수 있다. '헤지펀드'에 대한 감독을 포함한 관할기구의 더욱 적극적인 모니터링, 역외Off-shore 은행들의 활동 제한 등 비교적 간단한 조치로부터 자본 이동에 대한 통제, 화폐들의 태환성 제한에 이르는 더욱 급진적인 조치까지 국제금융시장의 팽창을 규제하는 다양한 방법들이 모색되어야 한다. 국제적 협력 아래 화폐적 축적의 자립화를 제한하는 안정적 틀을 짜내는 정책이 필요하며, 그렇지 않을 경우 인류는 금융자본의 '테러'에 큰 희생을 치르게 될 것이다.

둘째, 이미 심각하게 진행된 지구적 불평등을 완화하려는 노력을 시작해야 한다. 이 문제는 시장 메커니즘에 의존해서는 해결되지 않을 뿐 아니라, 극적으로 심화된다는 것을 지난 20년의 경험은 보여주었다. 지구의 초특급부자 358명의 재산이 인류의 거의 절반이 처분할 수 있는 소득 전체를 능가하는 경제적·사회적 불평등의 상황 속에서 어떻게 민주주의가 얘기될 수 있는가! 이 불평등은 또한 정보화의 진행 그리고 이와 관련된 혜택에서도 마찬가지다. 유엔의 한 정보통신기술 연구보고서에 따르면, "미국 뉴욕 시 하나가 아프리카 전체 대륙보다 인터넷 사이트를 더 많이 가지고 있고, 핀란드의 경우 라틴아메리카와 카리브 해안국들을 합친 것보다 많다."[120] 이러한 지구적 불평등은 근본적인 인식의 전환과 급진적 조치 없이는 해결이 불가능하다. 빈곤한 제3세계 국가들에 대한 외채의 전면 탕감——이미 대부분의 국가들은 외채보다 더 많은 이자를 지불했다——과 선진국 개발원조기금의 급격한 증대, 국제금융시장의 거래에 대한 과세와 이로 인해 발생하는 수입을 제3세계로 이전하는 등의 조치가 국제적으로 합의되고 시행되어야 한다. 그렇지 않을 경우 제1세계를 향한 경제적 난민의 행렬은 앞으로 더욱 커질 것이며, 지구화의 논리에 대해 테러와 대량 살상 등 극적인 수단을 통해 저항하는 국가와 집단 들의 출현 역시 배제할 수 없다.

셋째, 대안적 지구화는 환경적 측면을 고려해야 한다. 자본주의의 황금시대와 같은 경제 성장은 이제 성취될 수도 없고, 또 성취되어서도 안 된다. '온실 효과'로 인한 해수면의 상승이 최소한 2050년까지는 방글라데시와 네덜란드를 완전히 물에 잠기게 하지 않을 것이라는 계산으로부터 생태계의 위기가 사라졌다고 자족할 수는 없다. 오늘날 경제성장율이 장기적으로 계속 유지될 경우, 지구의 자연환경은 돌이킬 수 없는 파국에 직면할 것이라고 거의 모든 양심적인 환경학자들은 한 목소리로 경고한다. 자가용을 중심으로 한 개인주의적 교통의 환경적 딜레마를 익히 경험한 선진국들이 언제까지 중국과 인도를 광활한 자동차 시장으로만 바라보고 있을 것인가! 중국에서 오늘날 한국 정도의 자동차 밀도가 현실화되는 경우를 환경학자들은 상상조차 하려 들지 않을 것이다. 그런데 언제까지——한국을 포함한——세계의 자동차 기업들은 중국 시장을 선점하려고 경쟁만 하고 있을 것인가! 환경 문제의 해결은 자유시장 및 무제한적인 이윤 추구와 결코 양립할 수 없다. 환경적 균형을 실현하는 것은 과학과 기술의 문제가 아니라 정치적·사회적 문제이다. 환경을 고려하지 않는 생산성의 진보는 규제되어야 하며, 에너지 사용을 효과적으로 제한할 수 있는 급진적인 에너지세가 도입되어야 한다. 그렇지 않을 경우 지구——그리고 이 지구의 일부인 인류——의 미래는 대단히 암울해 보인다.

넷째, 경제적 지구화를 규제하고 조절하며, 정치적 지구화를 민주주의적 절차와 통제 아래서 관할하는 전 지구적·지역적 국제협력기구의 설립이 필요하다.[121] IMF, 세계은행, WTO, OECD, G7과 같은 기존의 국제기구들은 오늘날 지구화과정을 담당하기에는 상호 연계가 부족하며, 관심 역시 분산되어 있다. 또한 이 기구들의 운영 방식은 대단히 비민주적이다.[122] 유럽연합과 같이 이미 잘 작동하는 통합의 틀이 존재하는 지역에서는 이 기구를 더욱 민주적으로 개혁할 수 있을 것이다. 예컨대 유럽의회의 권한을 대폭 강화하고, 집행위원회의 의사결정 과정의 투명성을 높이는 것이 한 가지 방법이다. 다른 지역들에서도 북미자유무역협정(NAFTA)과 같이 경제적 지구화를 추진하는 기구가 아닌 경제적 지구화를 규제하고 조절하는 기구의 창설이 요구된다. 또한 국제연합(UN)의 민주적 개혁과 권한 강화가 절실하다.[123] 안전보장이사회의 역할은 강대국들의 힘의 타협뿐만 아니라 약소국들의 정치적 의지 역시 수용할 수 있는 방식으로 개혁되어야 한다. 따라서 초국적기업들의 행위를 규제하고 제한할 수 있는 국제경제기구가 국제연합 산하에 창설되어야 하며, 이러한 방향으로 기존 기구들이 급진적으로 변화해야 한다. 전 지구적인 차원에서 인권과 사회권의 보장을 감시, 관할하는 기구의 설립 및 기존 기구의 강화 역시 긴요하다. 결국 전 지구적 차원의 정치적 협력만이 민주주의의 미래를 담보할 수 있기 때문이다.

오늘날 지구화의 현실을 직시할 때, 대안적 지구화는 물론 쉬운 작업으로 보이지 않는다. 그러나 대안적 지구화는 오늘날 지구적 자본주의의 문제들을 해결할 수 있는 거의 유일한 길이다. "지식의 비관주의와 의지의 낙관주의"라는 그람시의 경고를 상기하자. 지구화라는 현실을 분석하면 할수록 비관주의에 빠지지만, 그럼에도 불구하고 우리는 현실을 변화시킬 수 있다는 낙관주의를 고수해야 한다. 아일랜드의 문인 오스카 와일드가 지적했듯이, 유토피아라는 섬이 그려지지 않은 세계지도는 어떤 경우에도 쓸모가 없는 것이다. 설령 인류가 결코 유토피아에 도달하지 못할지라도, 그곳으로 향하는 노력 없이 인류는 실현 가능한 많은 목표들을 이루지 못할 것이다. 좀 더 나은, 좀 더 정의로운, 더욱 살 만한 가치가 있는 사회에 대한 믿음은 지구화의 시대에 더욱 필요하다. 대안적 지구화는 인간의 행위를 통해 세계는 변화될 수 있다는 믿음의 표현이다. 따라서 노동운동, 여성운동, 환경운동, 시민운동 등 민주주의를 지향하는 모든 사회운동은 대안적 지구화의 희망이다. 바로 이들의 저항과 투쟁 그리고 전 지구적 연대만이 개별

국가들로 하여금 대안적 지구화의 길로 들어서는 변화를 가져
올 수 있기 때문이다.

1) 지구화 또는 세계화는 영어 단어 globalization의 번역으로 사실 동일한 의미이다. 양자를 구분하는 사람들도 있지만 그들의 논리는 별로 설득력 있어 보이지 않는다. 혼돈을 피하기 위해 이 책에서는 앞으로 '지구화'를 선호해 사용할 것이다. 물론 세계화라는 단어가 세계시장, 세계경영 등의 말로 인해 우리에게 더 친숙한 것이 사실이지만, 그만큼 또한 왜곡되어 수용된 점도 부인할 수 없다. 김영삼 정부의 '세계화의 원년', 대우의 '세계경영' 등이 세계화와 무관한 것은 아니지만, 그러나 이 '세계화'가 표현하는 것은 단지 세계화의 한 측면일 뿐이다. 따라서 정치적으로 덜 왜곡된 지구화라는 단어가 이 책의 구상에 더 적합해 보인다.

2) 이러한 시각은 또한 개별 국가의 재생산 과정으로부터 자립화한 강력한 지구적 자본주의의 존재를 가정하는 일부 좌파 이론가들에서도 발견된다. 예를 들어 나르와 슈베르트는 오늘날 세계경제가 모든 국가들의 행위 기준이 되었음을 강조하면서 다음과 같이 지적하고 있다. "이윤을 위한 혁신들, 생산성, 전 지구적 영업, 가장 신속한 유동성, 유연성 등과 같은 세계경제의 주요 지표들에 대한 지향은 날로 강화되고 있다. 세계경제적인 연계들의 영향력은 너무도 위력적이어서 아주 강력한 행위자들은 물론 허약한 행위자들조차 경쟁의 논리와 강제를 회피할 수 없다" [Wolf Dieter Narr·Alexander Schubert, *Weltökonomie. Die Misere der Politik*(Frankfurt am Main: Suhrkamp, 1994), 147쪽].

3) 이와 관련하여 허스트와 톰슨은 다음과 같은 수치를 제시한다.

국내총생산에 대한 수출입의 규모—1913, 1950, 1973년(현재 가격으로 환산)

	1913	1950	1973
프랑스	35.4	21.2	29.0

독일	35.1	20.1	35.2
일본	31.4	16.9	18.3
네덜란드	103.6	70.2	80.1
영국	44.7	36.0	39.4
미국	11.2	7.0	10.5

[출처: Paul Hirst·Graham Thomson, *Globalization in Question: The International Economy and the Possibilities of Governance* (Cambridge: Polity Press, 1996), 2쪽].

4) Karl Marx, *Grundrisse der Kritik der Politischen Ökonomie* (Berlin: Dietz, 1953), 311쪽.

5) 앤소니 기든스, 《좌파와 우파를 넘어서》(한울, 1997), 17쪽.

6) John H. Dunning, *The Globalization of Business* (London: Routledge, 1993).

7) Narr·Schubert, *Weltökonomie. Die Misere der Politik*, 43쪽.

8) Ulrich Beck, *Was ist Globalisierung?* (Frankfurt am Main: Suhrkamp, 1997), 42쪽.

9) 이러한 발전전략이 성공적으로 진행되어 자립적인 자본들, 상대적으로 풍부한 도시중간계급 그리고 광범위한 노동자계급이 등장할 때, 그 사회는 '주변부 포드주의'로 이행했다고 할 수 있다. 이에 대한 자세한 논의는 다음을 보라. 아랑 리피에츠, 《기적과 환상》(한울, 1991).

10) 이 단조로움의 확산에 대해 마르틴과 슈만은 다음과 같이 적고 있다. "통찰력 있는 사회비평가 이반 일리치가 일찍이 경멸조로 말한 것처럼 '갈증이라는 인간적 욕구를 코카콜라에 대한 갈망으로 전환시켜내는 과정'이 '세계화'의 물결 속에서 완성중에 있는 것이다. 대도시 한복판의 거리 곳곳은 온통 캘빈 클라인이나 코닥, 루이 뷔통 등의 광고 문구로 뒤덮여 있다. 사람들의 생각도 무수한 상품들처럼 항상 영화 포스터나 유행하는 음악들을 따라서 지속적으로 만들어진다. 그것도 알게 모르게, 그러나 아주 빨리. 그러나 이 같은 '상품의 세계화'는 각 나라 고유

의 문화적 생산물을 파괴시켜나간다"[한스 피터 마르틴·하랄드 슈만,
《세계화의 덫》(영림카디널, 1997), 52쪽].

11) Jürgen Hoffmann·Reiner Hoffmann, "Globalisierung—Risik-
en und Chancen für gewerkschaftliche Politik in Europa", Rolf Si-
mons·Klaus Westermann(Hrsg.), *Standortdebatte und Globalisierung
der Wirtschaft*(Marburg: Schüren, 1997), 164쪽.

12) UNCTAD(United Nations Conference on Trade and Develop-
ment), *World Investment Report 1996*(Genf, 1996), 9쪽.

13) Elmar Altvater·Birgit Mahnkopf, *Grenzen der Globalisierung.
Ökonomie, Ökologie und Politik in der Weltgesellschaft*(Münster: West-
fälisches Dampfboot, 1996), 249쪽.

14) Ulrich Dolata, "Das Phantom der Globalisierung", *Blätter für
deutsche und internationale Politik*(1997년 1월), 101쪽.

15) Jürgen Hoffmann·Reiner Hoffmann, "Globalisierung—Risik-
en und Chancen für gewerkschaftliche Politik in Europa", 159쪽.

16) 지역화는 확실히 오해를 불러일으킬 수 있는 개념이다. 왜냐하면
지역이란 일반적으로 한 국가 내부의 영토를 의미하기 때문이다. 따라
서 리피에츠는 지역화 대신 '대륙화Kontinentalisierung'라는 개념을
제시한다. Alain Lipietz, *Die Welt des Postfordismus. Über die struktuellen
Veränderungen der entwickelten kapitalistischen Gesellschaft*(Supple-
ment der Zeitschrift Sozialismus, 1997년 7~8월), 35쪽.

17) Joachim Bischoff, *Globalisierung. Zur Analyse des Strukturwan-
dels der Weltwirtschaft*(Supplement der Zeitschrift Sozialismus, 1996
년 1월), 3쪽.

18) Stiftung Entwicklung und Frieden, *Globale Trends 1996*(Frank-
furt am Main, 1995년), 160쪽.

19) Ulrich Beck, *Was ist Globalisierung?*, 254쪽.

20) Ulrich Beck, *Was ist Globalisierung?*, 20쪽.

21) 한스 피터 마르틴·하랄드 슈만,《세계화의 덫》, 218쪽.

22) Eric Hobsbawm, *Age of Extremes: The Short Twentieth Century, 1914-1991* (London: Abacus, 1994)[《극단의 시대: 20세기의 역사》(까치, 1997)].

23) 에릭 홉스봄, 《극단의 시대》, 318쪽.

24) 따라서 냉전의 종언은 국제분쟁의 종식이 아니라, 상대적으로 평화적인 한 시대의 종언이었다. 캘도는 동서냉전이 일종의 '가상전쟁'으로 동구는 물론 서구 내부의 안정화에 우선적으로 기여했음을 탁월하게 분석한 바 있다[Mary Kaldor, *The Imaginary War. Understanding the East–West Conflict* (London: Basil Blackwell, 1990)]. 냉전이라는 세계질서의 해체가 국제질서를 얼마나 불안정 속으로 이동시켰는지는 1990년대 이후에 터져나온 숱한 분쟁과 갈등, 그리고 최근의 코소보전쟁에서 다시 한번 확인할 수 있다.

25) 미국의 정치적, 경제적 패권주의를 비판했던 많은 유럽의 지식인들조차 문화적으로는 미국음악(재즈)에 심취해 있었다. 엘비스 프레슬리가 일반 대중에게 미국의 '문화적 무기'였다면, 찰리 파커와 마일스 데이비스는 많은 지식인들에게 미국의 '문화적 가교' 역할을 했다. 이미 언급한 《극단의 시대》의 저자인 에릭 홉스봄은 한 라디오 프로그램과의 인터뷰에서 무인도에서 살게 될 경우 지참할 첫 번째 물건으로 찰리 파커의 음반을 꼽았다. 독일의 대표적인 사회 참여 지식인이자 1999년 노벨문학상 수상자였던 귄터 그라스는 자기 인생의 가장 행복했던 순간이 쾰른의 한 재즈클럽에서 우연히 루이 암스트롱과 같이 연주할 기회를 가졌던 것이라 회고한다. 1950년대와 60년대 미국을 공개적으로 비판했던 대표적인 프랑스 지식인 장 폴 사르트르 역시 열렬한 재즈팬으로 알려져 있다.

26) 1950년과 1970년의 독일을 100으로 놓을 때 미국은 각각 310과 170, 일본을 100으로 놓을 때 각각 860과 240의 생산성의 우위를 보인다. 전 세계 제조업 생산에서 미국의 비중은 1950년과 1970년 각각 62%와 42%였다. 미국의 안정적 헤게모니는 황금시대의 중요한 국제정치적 전제였다. 그러나 미국에게 황금시대는 경제적으로 상대적 퇴보의 기간

이었다. 미국경제에 대한 독일과 일본의 추격, 그리고 나아가 추월은 황금시대의 종식 후에도 지속되었다.

27) 어떤 사회든 경제적으로 존속하기 위해서는 새롭게 만들어진 잉여생산물을 모두 소비해서는 안 되며, 그 일부를 투자(생산적으로 소비)해야 한다. 정치경제학에서는 이를 축적이라고 지칭하며, 자본주의 사회에서는 기업 또는 자본이 축적의 주체로 등장한다. 즉 자본주의 경제에서 잉여생산물의 생산적 소비는 자본의 축적 형태를 띠는 것이다. 축적체제란 분업과 소득 분배를 통해 어떻게 축적이 이루어지는가를 규명하는 개념이다. 따라서 축적체제라는 개념은 모든 생산조건의 변화라는 기술적 측면과 임노동자들의 재생산조건의 변화라는 정치적 측면 사이에 일정한 조응 관계가 존재한다는 것을 전제한다. 또한 축적체제는 사회적 생산물의 소비와 축적 사이의 배분이 상당히 장기간에 걸쳐 안정되어 있음을 묘사한다.

28) 에릭 홉스봄, 《극단의 시대》, 125쪽.

29) 미국에서는 테일러주의가 이미 19세기 후반에 기계공업에 도입되기 시작했다. 테일러주의에 대한 자세한, 고전적인 논의는 다음을 보라. Harry Braverman, *Labour and Monopoly Capital: The Degradation of Work in the Twentieth Century*(New York: Monthly Review Press, 1974).

30) 이는 어디까지나 상대적인 의미이다. 산업의 특성상 여전히 숙련노동자의 존재를 필요로 하는 부문도 있었는데, 특히 공업설비재나 공작기계를 제조하는 분야에서 그러했다.

31) 미셸 아글리에타, 《자본주의 조절이론》(한길사, 1994년), 148쪽 이하.

32) 워너 본펠드·존 홀러웨이, 《신자유주의와 화폐의 정치》(갈무리, 1999), 35쪽.

33) 자동차는 운송 수단이자 근대적인 상품일 뿐만 아니라, 기존의 생활방식을 근본적으로 변화시킨 하나의 '혁명적' 수단이었다. 자동차의 확산은 당시 노동운동을 종식시킬 것처럼 우려되었는데, 왜냐하면 자

동차와 더불어 자연 발생적인 계급연대의 토대였던 노동자의 밀집된 주거공간이 해체되기 시작했기 때문이다. 자동차를 가진 노동자는 이제 공장 주변의 노동자지역이 아닌 다른 지역에서도 거주할 수 있게 되었고, 이것이 기존 노동자들의 균일한 생활방식에 큰 변화를 가져 왔음은 물론이다.

34) Joachim Bischoff·Richard Detje, *Massengesellschaft und Individualität. Krise des "Fordismus" und die Strategie der Linken* (Hamburg: VSA, 1989), 61쪽.

35) 에릭 홉스봄,《극단의 시대》, 144쪽.

36) 따라서 세계경제대공황이 뉴욕증권거래소의 주가 폭락으로 시작된 것은 우연이 아니다.

37) 당시 미국에서 중·단기 대부로 개인이 빚진 총 65억 달러 중 14억 달러는 자동차 구매자들의 빚이었다.

38) Karl Georg Zinn, *Die Wirtschaftskrise. Wachstum oder Stagnation. Zum ökonomischen Grundproblem reifer Volkswirtschaften* (Mannheim u. a.: B. I. Taschenbuch Verlag, 1994), 40쪽.

39) 에릭 홉스봄,《극단의 시대》, 134쪽.

40) 에릭 홉스봄,《극단의 시대》, 154쪽.

41) John M. Keynes, *The General Theory of Employment, Interest and Money* (London: Macmillan, Repr. 1964) [《고용, 이자 및 화폐의 일반이론》, (비봉출판사, 1985)].

42) Jürgen Harrer, "Gewerkschaftlicher Widerstand gegen das 'Dritte Reich'", Frank Deppe u. a. (Hrsg.), *Geschichte der deutschen Gewerkschaftsbewegung*, 4. Auflage (Köln: Pahl-Rugenstein, 1989), 359쪽 이하.

43) 오늘날 신자유주의와 신보수주의의 독특한 결합으로 특징지어지는 독일의 기독교민주연합(CDU)조차 1949년의 강령에서 독일이 가장 우선적으로 실현해야 할 일상과제로 '사회주의'를 지적하고 있다 [Reinhard Opitz, "Politische Ideologiekonzeptionen im Vorfeld der

Gründung der Bundesrepublik", Frank Deppe u. a., *Geschichte der Bundesrepublik*(Köln: Pahl-Rugenstein, 1980), 34쪽].

44) Frank Deppe, *Fin de Siècle. Am Übergang ins 21. Jahrhunderts* (Köln: PapyRossa Verlag, 1997), 77쪽.

45) 필립 암스트롱·앤드류 글린·존 해리슨, 《1945년 이후의 자본주의》(동아출판사, 1993), 436쪽.

46) 아랑 리피에츠, 《기적과 환상》, 60쪽.

47) Robert Guttmann, "Die Transformation des Finanzkapitals", *PROKLA*. Jg. 26, Nr. 2(1996), 176쪽.

48) Burkart Lutz, *Der kurze Traum immerwährender Prosperität: Eine Neuinterpretation der industriell-kapitalistischen Entwicklung im Europa des 20. Jahrhunderts*(Frankfurt am Main: Campus, 1984).

49) 에릭 홉스봄, 《극단의 시대》, 399쪽. 또한 황금시대의 경제적 풍요와 더불어 사회혁명과 문화혁명이라는, 인간사에서 가장 극적이고 급속하며 기존 관습을 뿌리째 흔든 변화가 시작되었다. 이에 대한 분석은 홉스봄의 이 걸출한 저작에서도 가장 돋보이는 부분이라 할 수 있다.

50) 더 구체적으로 임금노동자들의 소비증가율이 소비재 생산 부문('제2부문')의 생산성 상승과 일치하고, 또한 전체 산업 부문에서 자본의 기술적 구성(유사하게는 1인당 고정자본)의 상승률이 생산재 생산 부문('제1부문')의 생산성 상승과 동일하게 진행되는 조건 아래서 이 축적체제의 안정성은 확보될 수 있었다.

51) 필립 암스트롱·앤드류 글린·존 해리슨, 《1945년 이후의 자본주의》, 265쪽.

52) 아랑 리피에츠, 《기적과 환상》, 67쪽.

53) 이러한 모든 발전은 통계적 수치를 통해서도 확인할 수 있다. 독일의 경우를 예로 든다면, 1960년 0.812였던 자본생산성은 1970년 0.755로 하락했다. Elmar Altvater u. a., "Rezession, Inflation und staatliche Wirtschaftspolitik in der Bundesrepublik", Elmar Altvater u. a. (Hrsg.), *Inflation-Akkumulation-Krise(Bd. 2). Internationale und*

nationale Bedingungen von Inflation und Krise (Frankfurt am Main: Europäische Verlagsanstalt, 1976), 79쪽.

54) 독일의 예를 계속 든다면, 1960년 0.545였던 자본수익성은 1970년 0.390으로 하락했다.

55) 따라서 필자는 1970년대의 위기를 임금의 전반적 상승에 따른 '이윤압박profit-squeeze'만으로 설명하는 논의에 비판적이다. 만약 임금과 이윤의 분배가 위기의 근본 원인이라고 한다면 직접임금 또는 간접임금의 상승을 둔화시킴으로써 위기를 방지할 수 있었을 것이며, 실제 당시 케인즈주의적 국가는 이를 실현할 수 있는 제도적 장치를 가지고 있었다. 이윤압박 이론의 대표적 논의로는 Andrew Glyn · Bob Sutcliffe, *British Capitalism. Workers and the Profit Squeeze* (London: Pen-guin, 1972)를 보라.

56) Joachim Hirsch·Roland Roth, *Das neue Gesicht des Kapitalismus. Vom Fordismus zum Post-Fordismus* (Hamburg: VSA, 1986), 80쪽.

57) 필립 암스트롱·앤드류 글린·존 해리슨, 《1945년 이후의 자본주의》, 281쪽 이하.

58) 스태그플레이션은 경기 침체 속에서의 가격 상승을 의미한다. 일반적으로 경기가 침체되면 가격은 하락하는 것이 기존의 자본주의적 경기 순환의 전형적 모습이었다. 따라서 스태그플레이션은 새로운 현상이며, 포드주의적 축적체제의 위기의 독특성을 표현한다.

59) 계속 독일의 예로 위의 상황 전개를 수치로 표현해보자. 1953~57년 사이에는 불과 0.9%에 불과했던 연평균 인플레이션률은 1964~67년 2.7%로, 1972~75년 사이에는 무려 6.7%로 상승한다. 독일의 기업과 개인의 총 채무 규모는 1967년 2,891억 마르크에서 1974년 6,565억 마르크로 늘어났다. 1966년 0.7%에 불과했던 독일의 실업률은 1975년 무려 4.7%에 이르게 된다. 독일 연방 정부의 채무는 1969년에 454억 마르크에 불과했지만, 1975년에는 1,850억 마르크로, 사민–자유연정이 붕괴된 1982년에는 무려 3,091억 마르크로 늘어났다[Elmar Altvater u. a., *Vom Wirtschaftswunder zur Wirtschaftskrise. Ökonomie und Politik in der*

Bundesrepublik (Berlin: Olle & Wolter, 1979), 201, 258~259쪽].

60) "케인즈주의자들과 신자유주의자들 사이의 싸움은 전문적 경제학자들 간의 기술적인 대결도, 새로 발생한 경제적 문제들을 다루는 방법에 대한 모색도 아니었다. 그 싸움은 서로 양립할 수 없는 이데올로기의 전쟁이었다. 양쪽 다 경제학적 근거를 댔다. 케인즈주의자들은 고임금, 완전고용, 복지국가가 팽창을 촉진하는 소비자 수요를 창출하며, 더 많은 수요를 경제에 제공하는 것이 경제 불황을 다루는 최선의 방법이라고 주장했다. 신자유주의자들은 황금시대의 경제와 정치가 인플레이션에 대한 통제 및 정부와 사기업 모두의 비용 삭감을 막았다고 주장했다. (…) 그러나 양쪽 경제학 모두 선험적인 인간사회관인 이데올로기적 입장을 합리화했다. 신자유주의자들은 20세기의 눈부신 경제적 성공담을 보여준 사회민주주의 스웨덴을 불신했고 좋아하지 않았는데, 그 이유는 스웨덴이 '평등과 연대라는 집단주의적 가치를 보유한 것으로 이름난 스웨덴식 경제모델'에 기반했기 때문이다. 반대로 영국의 대처 여사 정부는 경제적 성공의 시기에조차 좌파에게 인기가 없었는데, 이는 그 정부가 비사회적이고 사실상 반사회적인 이기주의에 기반했기 때문이었다"(에릭 홉스봄, 《극단의 시대》, 563쪽 이하).

61) 에릭 홉스봄, 《극단의 시대》, 562쪽.

62) Joachim Hirsch·Roland Roth, *Das neue Gesicht des Kapitalismus*, 84쪽.

63) Dietrich Heither, "'Grande Nation' auch in Europa? Zur Entwicklung der Arbeitsbeziehungen in Frankreich", Frank Deppe u. a. (Hrsg.), *Binnenmarkt '92. Zur Entwicklung der Arbeitsbeziehungen in Europa* (Hamburg: VSA, 1991), 78쪽.

64) *Binnenmarkt '92. Zur Entwicklung der Arbeitsbeziehungen in Europa*, 80쪽.

65) 오늘날 유럽의 여러 학자들은 유럽연합 전체적 차원의 케인즈주의를 일국적 케인즈주의에 대한 대안으로 제시한다.

66) Simon Gunn, *Revolution on the Right* (London: Pluto Press,

1989), 17쪽.

67) 신자유주의는 기존의 자유주의와 구별되어야 한다. 인간의 이성과 합리성에 대한 믿음, 인권과 기본권의 존중, 국가권력으로부터 간섭받지 않는 개인의 자유, 법치국가, 그리고 사회적 연대를 일정 부분 수용했던 기존의 자유주의와 달리 신자유주의는 이 모든 요소들을 시장의 자유로 환원 또는 축소시키고 있다.

68) 킴 무디,《신자유주의와 세계의 노동자》(문화과학사, 1999), 195쪽.

69) 필립 암스트롱·앤드류 글린·존 해리슨,《1945년 이후의 자본주의》, 437쪽.

70) 칼마리안Kalmarian은 1974년 사회민주주의 국가인 스웨덴에서 노동의 참여 원칙에 따라 재조직된 최초의 자동차 공장으로 유명하다.

71) 아랑 리피에츠,《기적과 환상》, 259쪽.

72) "황금시대의 세계경제는 여전히 초국적이라기보다는 국제적이었다. 나라들이 서로 교역을 벌인 정도는 어느 때보다도 컸다. 제2차 세계대전 이전에는 미국조차 대체로 자급적이었다. 이러한 미국이 1950~70년에 세계의 나머지 지역에 대한 수출액을 네 배로 증가시켰을 뿐만 아니라, 1950년대 말부터 줄곧 소비재의 대량 수입국이 되었으며, 1960년대 말에는 자동차까지 수입하기 시작했다. 이렇듯 공업경제국들이 서로의 생산품을 갈수록 많이 사고 팔기는 했지만 그들의 경제 활동 태반은 여전히 자국 중심적이었다. 황금시대의 절정기에 미국은 국내총생산(GDP)의 8%가 좀 안 되는 비율만을 수출했고, 더욱 놀랄 만한 사실은, 수출 지향적인 일본 역시 그보다 약간 더 높은 비율만을 수출했다는 것이다"(에릭 홉스봄,《극단의 시대》, 385쪽).

73) "1985년 이래로 (전 세계적인) 교역량의 증가는 생산력 증가의 두 배에 달하게 되었다. 또 1995년에는 벌써 전 세계적으로 통계에 잡히고 있는 모든 상품 및 서비스 중 5분의 1이 국경선을 넘어서 거래되었다"(한스 피터 마르틴·하랄드 슈만,《세계화의 덫》, 205쪽).

74) Joachim Hirsch, *Der nationale Wettbewerbsstaat. Staat,*

Demokratie und Politik im globalen Kapitalismus(Berlin: ID-Archiv, 1995), 90쪽.

75) 유석진, 〈세계화와 국가주권〉, 국제정치경제연구회 편저, 《20세기 로부터의 유산》(사회평론, 2000), 326쪽.

76) Joachim Hirsch, *Der nationale Wettbewerbsstaat*, 90쪽. Elmar Altvater·Birgit Mahnkopf, Grenzen der Globalisierung, 395쪽. Deppe, *Fin de Siècle*, 135쪽.

77) Samir Amin, *Die Zukunft des Weltsystems. Herausforderungen der Globalisierung*(Hamburg: VSA, 1997), 77쪽 이하.

78) Elmar Altvater, *Sachzwang Weltmarkt. Verschuldungskrise, blockierte Industrialisierung und ökonomische Gefährdung. Der Fall Brasilien* (Hamburg: VSA, 1987), 352쪽.

79) 김학노, 〈세계화와 노동 – 자본관계〉, 국제정치경제연구회 편저, 《20세기로부터의 유산》, 344쪽 이하 참조.

80) Klaus Peter Kisker, "Der Neoliberalismus ist die Verschuärfung, nicht die Lösung von Krisen", Joachim Bischoff u. a. (Hrsg.), *Das Ende des Neoliberalismus? Wie die Republik verändertwurde*(Hamburg: VSA, 1998), 90쪽.

81) 한스 피터 마르틴·하랄드 슈만, 《세계화의 덫》, 107쪽.

82) 한스 피터 마르틴·하랄드 슈만, 《세계화의 덫》, 125쪽.

83) 예컨대 Philip G. Cerny, "The Dynamics of Financial Globalization: Technology, Market Structure, and Policy Response", *Policy Science*, vol. 27(1994).

84) 예를 들어 다음을 보라. Eric Helleiner, *States and the Reemergence of Global Finance. From Bretton Woods to the 1990's*(Ithaca: Cornell University Press, 1994).

85) 백창재, 〈금융세계화의 원인과 결과: 정치경제적 설명〉, 《국제정치경제연구》, 2집(1998), 93쪽.

86) 물론 케인즈를 신고전학파의 입장에서 재해석한 '불균형이론',

'신거시경제론', '신케인즈주의' 같은 소위 '사생아 – 케인즈주의Bas-tard – Keynesianismus'는 여기에 해당되지 않는다. 이 이론적 조류는 축적, 실업, 경기 침체에 관한 케인즈의 문제의식을 사상(捨象)한 채, 그의 이론을 신고전학파적 균형이론의 틀 안으로 통합시켰다.

87) 마르크스와 케인즈의 문제의식의 유사성에 대해서는 이미 1970년대 이래 많은 학자들의 연구가 제출되었다. 흥미롭게도 폴란드의 유명한 철학자 아담 샤프 역시 최근 마르크스와 케인즈의 문제의식의 수렴을 강조하고 있다. Adam Schaff, *Mein Jahrhundert. Glaubensbekenntnisse eines Marxisten* (Berlin: Dietz, 1997).

88) Elmar Altvater, *Die Zukunft des Marktes. Ein Essay über die Regulation von Geld und Natur nach dem Scheitern des 'real existierenden' Sozialismus* (Münster: Westfälisches Dampfboot, 1991), 55쪽.

89) Harald Mattfeldt, *Keynes. Kommentierte Werkauswahl* (Hamburg: VSA, 1985), 46쪽.

90) 이에 대해 다음을 참조하라. Karl Georg Zinn, *Arbeit, Konsum, Akkumulation. Versuch einer integralen Kapitalismusanalyse von Keynes und Marx* (Hamburg: VSA, 1986).

91) Hansgeorg Conert, *Vom Handelskapital zur Globalisierung. Entwicklung und Kritik der kapitalistischen Ökonomie* (Münster: Westfälisches Dampfboot, 1998), 392쪽.

92) Karl Marx, *Das Kapital. Kritik der politischen Ökonomie*, Dritter Band, MEW Bd. 25 (Berlin: Dietz, 1968), 84쪽 이하.

93) 존 메이너드 케인즈, 《고용, 이자 및 화폐의 일반이론》, 234쪽 이하.

94) 이에 대한 자세한 논의로는 다음을 보라. 한영빈, 〈금융 불안정과 정치적 조절—후기케인즈주의를 중심으로〉, 한국정치학회 춘계학술대회 발표논문(2000).

95) Elmar Altvater·Birgit Mahnkopf, *Grenzen der Globalisierung*, 150쪽.

96) Karl Marx, *Das Kapital. Kritik der politischen Ökonomie*, Erster

Band, MEW Bd. 23 (Berlin: Dietz, 1964), 127쪽.

97) Karl Marx, *Das Kapital*, Dritter Band, 350쪽.

98) Karl Marx, *Das Kapital*, Erster Band, 149쪽.

99) Karl Marx, *Das Kapital*, Erster Band, 156쪽.

100) Karl Marx, *Das Kapital*, Dritter Band, 350쪽 이하.

101) Elmar Altvater·Birgit Mahnkopf, *Grenzen der Globalisierung*, 168쪽 이하.

102) 오늘날 이슬람 국가들에서는 명목상 이자는 존재하지 않지만, 실질적으로는 수수료라는 이름으로 이자가 통용된다.

103) Elmar Altvater·Birgit Mahnkopf, *Grenzen der Globalisierung*, 157쪽 이하.

104) 에릭 홉스봄, 《극단의 시대》, 387쪽.

105) 브레튼 우즈 체제가 붕괴된 궁극적 원인은 포드주의적 축적체제의 위기와 동시적으로 등장한 미국의 경제적 헤게모니의 하강에서 찾을 수 있다. 브레튼 우즈 체제 아래서 달러는 과대평가되어 있었고, 따라서 미국산업은 수출 경쟁력을 희생하면서 생산의 국제적 분산을 우선 과제로 삼았다. 그 결과 미국 내에서 생산적 투자율과 민간 공업 부문의 기술 혁신이 점차 쇠퇴했다. 투자는 국제경쟁에 봉착하지 않는 부문, 특히 제3차산업 부문에 집중되었다. 미국 제조업에서 노동자 1인당 신규 투자는 1955년 유럽 수준의 약 1.6배, 그리고 일본의 거의 다섯 배에 이르렀지만, 1970년이 되자 미국 제조업은 노동자 1인당 유럽과 거의 같은 투자를 하고 있었고, 일본보다는 오히려 3분의 1만큼 적게 투자하고 있었다. 미국의 평균 생산성은 1955년에서 1970년 사이 약 3분의 1이 상승한 반면, 유럽에서는 두 배, 그리고 일본에서는 다섯 배가 상승했다. 전 세계 제조업 생산에서 미국의 비중은 1950년에 62%에 달했지만, 1970년에는 42%로 줄어든다. 미국의 산업적 입지는 다른 공업국들——특히 독일과 일본——의 강력한 추격에 의해 약화되고 있었다. 필립 암스트롱·앤드류 글린·존 해리슨, 《1945년 이후의 자본주의》, 238쪽 이하 참조.

106) 필립 암스트롱·앤드류 글린·존 해리슨, 《1945년 이후의 자본주의》, 308쪽.

107) '트리핀 딜레마'는 브레튼 우즈 체제 아래서 달러가 담당한 유동성과 준비자산 역할 간의 긴장을 표현한다. 세계경제의 유동성 문제를 해결하기 위해서 달러는 미국의 국제수지적자를 통해 지속적으로 공급되어야 하는 반면, 미국의 지속적인 국제수지적자는 달러의 신뢰도 또는 안정성을 위협하게 된다. 반대로 달러의 안정성을 지키기 위해 달러의 유출을 축소하면, 국제 유동성의 부족이라는 문제가 등장한다.

108) Elmar Altvater·Birgit Mahnkopf, *Grenzen der Globalisierung*, 187쪽.

109) 한스 피터 마르틴·하랄드 슈만, 《세계화의 덫》, 144쪽.

110) 황금시대가 종식된 1975년만 해도 오늘날 유럽연합 국가들의 평균 실업률은 3.9%에 머물렀다. 이 숫자는 1990년에 두 배로 늘어났고(7.7%), 1997년에는 급기야 10.8%로까지 상승한다. 다른 한편, 1975년에 14.3%였던 유럽연합 국가들의 평균 인플레이션율은 1990년에 5.3%로 하락하며, 1997년에는 2.1%로까지 떨어진다[Jörg Huffschmid, "Risse im Gebälk: Die neoliberale Formierung Europas stößt auf Probleme", *Z*(Zeitschrift Marxistische Erneuerung). Jg. 8, Nr. 32(1997), 9쪽 이하].

111) 아랑 리피에츠, 《기적과 환상》, 206쪽.

112) Elmar Altvater, *Sachzwang Weltmarkt. Verschuldungskrise, blockierte Industrialisierung und ökonomische Gefährdung. Der Fall Brasilien* (Hamburg: VSA, 1987), 16쪽.

113) Elmar Altvater, *Die Zukunft des Marktes*, 239쪽 이하.

114) '호랑이국가들'이라고 불리는 한국을 비롯한 동아시아의 몇몇 나라들은 대단히 예외적인 경우이다. 한국의 채무에 의존한 공업화전략의 성공 배경에 대해서는 다음을 보라. Choon-Kweon Koo, *Asiatischer Kapitalismus. Staat, Wirtschaft und Gewerkschaften in Japan und Südkorea*(Köln: PapyRossa Verlag, 1998), 181쪽 이하.

115) Elmar Altvater·Birgit Mahnkopf, *Grenzen der Globalisierung*, 160쪽.

116) 뉴욕의 은행가이자 미국 연방준비은행의 부총재 후보에 올랐던 팰릭스 로하틴의 진술이다. 마르틴 슈만·하랄드 슈만, 《세계화의 덫》, 178쪽에서 재인용.

117) "1960년대와 70년대 초반까지는 미국은 그래도 유럽 스타일의 복지국가체제를 지향하는 것처럼 보였다. 존슨 대통령은 '위대한 사회 Great Society'를 제창하면서 '빈곤과의 전쟁'을 선포했다. 그리하여 도시에 거주하는 흑인들을 위한 일련의 도시계획들이 착수되었고, 가난한 사람들을 위한 소득 보장, 실업 구제, 국민의료보험 실시 등을 위한 노력들이 비교적 성실하게 베풀어졌다. 이러한 시도들이 비록 카터 행정부에 와서 좌절을 맛보기는 했지만, 민주당은 그래도 이러한 사회복지 문제에 대해 진지한 관심을 기울여왔다고 말할 수 있다" [박호성, 〈미국형 자유주의적 자본주의와 독일형 사회민주주의적 자본주의의 특성 비교: 이념 및 사회적 현실을 중심으로〉, 오기평 편저, 《21세기 미국 패권과 국제질서》(오름, 2000), 568쪽]. 물론 위의 상황은 레이건 정부 등장 후 근본적으로 변화한다.

118) Elmar Altvater, "Monopoly spielen oder Mut machen", *Frankfurter Rundschau*, Dokumentation, 2000년 7월 11일.

119) http://www.attac.org

120) 〈한겨레〉, 2000년 6월 21일 자.

121) 이와 관련해 다음을 참조하라. David Held, *Democracy and the Global Order: From the Modern State to Cosmopolitan Governance*(Cambridge: Politiy Press, 1995).

122) 특히 이 비민주성은 IMF의 경우에서 극단적으로 드러났다. 통화주의적 노선의 득세 후 IMF의 과제는 무엇보다 국제적으로 활동하는 금융자본의 화폐자산 보호에 집중되었다. 한때 원활한 국제유동성을 관할하기 위해 존재했던 IMF는 그 후 '구조 조정'이라는 프로그램을 강제하는 정치적 집행기구로 변모했다.

123) 바로 이 점에서 국제연합 안전보장이사회의 결의를 거치지 않은 나토(NATO)의 유고 공습은 크게 우려할 만한 사건이었다. 분쟁 해결 과정에서 국제연합을 배제하려는 미국의 전략은 21세기 세계질서를 불안으로 이동시키는 중대한 정치적 오류임을 필자는 다음의 글에서 상세히 논의했다. 구춘권, 〈코소보전쟁과 21세기의 세계질서〉,《진보평론》, 창간호(1999).

강정인, 《세계화, 정보화, 그리고 민주주의》(문학과지성사, 1998)

제목 그대로 세계화, 정보화 그리고 민주주의에 대한 연구 논문들을 모은 책이다. 특히 세계화와 민주주의에 대한 지은이의 고민은 우리의 주제와 관련해서도 진지하게 읽혀질 필요가 있다.

국제정치경제연구회 편저, 《20세기로부터의 유산》(사회평론, 2000)

국제정치경제를 연구하는──필자를 포함한──17명의 젊은 소장학자들이 20세기의 국제정치경제를 정리한 책이다. 고전적 자유주의, 제한적 자유주의, 신자유주의라는 구분 아래 20세기 국제경제질서의 큰 궤적을 그리고 있으며, 또한 세부적으로 이 질서를 작동시킨 국내경제 변화와 국제정치적 측면을 논의한다. 나아가 21세기 국제정치경제에 대한 전망 역시 시도되고 있다. 20세기를 통괄하는 국제정치경제 입문서로 요긴하게 읽을 수 있다.

김세균, 《한국민주주의와 노동자·민중정치》(현장에서미래를, 1997)

김세균 교수의 수년간에 걸친 한국정치와 관련한 연구 성과를 모은 책. 진보운동에 대한 지은이의 이론적·실천적 고민을 책의 곳곳에서 접할 수 있다. 〈세계자본주의와 한국〉이라는 총론격의 논문은 전후 세계자본주의의 발전을 일목요연하게 정리하고 있으며, 우리의 주제와 관련해서도 흥미롭게 읽을 수 있다. 특히 김세균 교수의 홈페이지(http://prome.snu.ac.kr/~skkim/)는 한국에서 가장 뛰어난 정치학 관련 웹사이트 중 하나로 알려져 있으며, 수많은 자료와 글들을 접할 수 있기에 방문을 권한다.

김우상 외, 《국제관계론 강의 1·2》(한울, 1997)

국제정치와 국제정치경제와 관련된 해외——대부분 미국——유명학자들의 대표적 논문들이 번역되어 있다. 우리의 주제와 관련해서는 특히 2권이 흥미롭다. 레닌의 '제국주의론'은 물론 스트레인지의 '카지노 자본주의'의 핵심 부분이 번역되어 있으며, 월러스타인의 세계체제론으로부터 콕스의 대안적 국제관계이론을 구성하려는 시도까지 다양한 국제정치경제이론들이 그 주창자들의 입을 통해 직접 소개된다. 국제정치와 국제정치경제를 전공하는 한국의 대표적 소장학자들의 세심한 번역 역시 이 책의 장점이다.

김호기 외 편역, 《포스트포드주의와 신보수주의의 미래》(한울, 1995)

조절이론적 문제의식을 비판적으로 발전시킨 독일과 영국 학자들의 글이 번역되어 있다. 요아힘 히르쉬와 봅 제솝의 주목을 끈 논문들 역시 포함되어 있다. 또한 1988년 프랑스 대통령 선거에 녹색당의 에코노미스트 대표로 출마했던 아랑 리피에츠가 프랑스 녹색당의 경제정책을 소개한 글도 흥미롭다.

로버트 브와예 편, 《자본주의 위기론: 조절국면의 세계자본주의》 (논장, 1988)

브와예는 아글리에타, 리피에츠와 함께 조절이론을 발전시켰다. 이 책에는 조절이론의 문제의식과 기본 범주들이 비교적 쉽게 소개되어 있으며, 이 문제의식을 구체적 분석에 적용하는 여러 학자들의 논문이 수록되어 있다. 브와예가 쓴 조절이론에 대한 소개는 물론, 아글리에타와 리피에츠의 논문이 포함되어 있다.

미셸 아글리에타, 《자본주의 조절이론》(한길사, 1994)

포드주의라는 개념을 본격적인 정치경제학적 분석틀로 확장한 '파리 조절학파'의 선구적인 연구서. 이 책에서 아글리에타는 미국에서 포드주의적 생산체계의 등장 및 포드주의적 축적체제의 발전과 위기를 추적하고 있다. 문제는 이 책이 대단히 난해하다는 점이다. 하지만 비판적 정치경제학의 기본 범주들을 충분히 이해하고 있는 독자들이라면 독해를 시도해볼 수 있을 것이다.

손호철, 《신자유주의 시대의 한국정치》(푸른숲, 1999)

이 책은 손호철 교수의 최근 한국정치 분석의 연구 성과를 모은 것이다. 지은이가 서문에서 인용하고 있는 브루스 커밍스의 지적처럼 김대중 대통령은 "서울의 IMF 지부장"으로 변모했고, 새 정부는 한국을 신자유주의적 시장경제로 전환시킴으로써 "세계사적 대열"에 합류하려 시도하고 있다. 그러나 이 시도는 우리 사회를 경쟁에서 살아 남는 20%와 도태되는 80%로 양극화시킬 것이며, 무차별적인 개방정책을 통해 초국적 자본의 한국경제 지배를 강화할 것이라는 것이 지은이의 판단이다. '국제경쟁력'이라는 이름 아래 산업화 시기의 개발독재에 상응할 '문민독재'가 등장할지도 모른다는 경고가 단순한 우려로 들리지 않는다.

아랑 리피에츠, 《기적과 환상》(한울, 1991)

아글리에타와 함께 '파리 조절학파'에 속하는 리피에츠는 이 책에서 '지구적 포드주의global Fordism'라는 개념을 제시하고 있다. 또한 포드주의의 전 지구적 확산 과정을 '유혈적 테일러주의', '주변부 포드주의' 등의 개념을 통해 분석하고 있다. 서술 역시 아글리에타의 책보다는 덜 난해하다.

앤소니 기든스, 《좌파와 우파를 넘어서》(한울, 1997)

런던경제대학의 학장이기도 한 기든스는 블레어의 자문관으로서 '제3의 길'의 탄생에서 일종의 산파 역할을 했다. 이 책에서 기든스는 '제3의 길'의 철학적 토대를 제시하고 있는데 정치적 급진주의와 철학적 보수주의를 결합시키려는 시도가 바로 그것이다. 물론 기든스는 오늘날 세계가 직면한 여러 문제들을 상당 부분 설득력 있게 지적하며, 이론으로서 '제3의 길'을 현실의 '제3의 길'보다 훨씬 매력적으로 만들고 있다. "이론은 잿빛이고, 현실은 푸르른 생명의 나무"라는 괴테의 지적이 최소한 '제3의 길'에서는 거꾸로 와닿는 느낌이다.

에릭 홉스봄, 《극단의 시대: 20세기 역사》(까치, 1997)

'20세기의 자서전'이라고 얘기되는 이 책은 의심할 여지 없이 금세기 역사 연구의 최고봉이라고 할 수 있다. 독자는 우선 다양하고 풍부한 사료에 놀랄 것이며, 또한 그 사료들을 일관되게 꿰뚫어 해석하는 지은이의 역사의식에 고개를 숙일 것이다. 사회과학을 전공하는 사람은 반드시 필독해야 할 금세기 최고의 '고전'이다. 이 책을 이미 읽은 독자들에게는 홉스봄의 19세기 3부작 《혁명의 시대》, 《자본의 시대》, 《제국의 시대》 역시 강력히 추천하고 싶다. 이 세 권은 필자가 대학 시절 읽었던 가장 인상적인 책들로 기억에 남는다.

오기평 외 편저, 《지구화와 정치 변화》(오름, 2000)
이 책 역시——필자를 포함한——또 다른 17명의 젊은 학자들이 지구화와 정치 변화라는 큰 주제를 가지고 작업한 결과물이다. 지구화 시대의 정치이론, 지구화 시대의 국제질서, 지구화 시대의 지역정치, 지구화와 한국이라는 네 부분으로 나누어 작업이 진행되었고, 각 주제들에 대해 다양한 연구 성과들이 제출되었다.

제임스 P. 워맥 외, 《생산방식의 혁명》(기아경제연구소, 1991)
이 책의 우리말 번역본 표지에는 붉은 글씨로 "5년간 5백만 달러의 연구비로 55명의 전문가들이 전 세계의 자동차 산업을 파헤친 역작"이라고 소개되어 있다. 그러나 이 책이 유명해진 것은 소위 '린 생산방식'에 대한 국제적 논쟁을 불러일으켰기 때문이다. 우리가 앞에서 논의한 포드주의적 또는 포스트포드주의적 노동조직의 원리가 자동차 산업의 예를 통해 경영학적 단어들로 설명되고 있다. 그러나 이 책은 대단히 경제주의적·기술결정론적이며, 새로운 생산방식의 확산과 관련된 정치적·사회적 차원의 문제에 대해서는 전혀 언급하지 않고 있다.

킴 무디, 《신자유주의와 세계의 노동자》(문화과학사, 1999)
"Workers in a Lean World"라는 원제가 나타내듯이, 이 책은 '린

생산방식'은 물론, 이와 관련된 정치적·사회적 차원의 변화를 심도 있게 다루고 있다. 지은이는 노동자의 저항이라는 측면에도 관심을 집중하며, '린 생산방식'과 신자유주의가 세계화되는 상황에서 노동운동의 새로운 전망을 모색하고 있다.

필립 암스트롱·앤드류 글린·존 해리슨, 《1945년 이후의 자본주의》 (동아출판사, 1993)

전후 자본주의 역사를 공부하고 싶다면 반드시 참고해야 할 책이다. 1972년 이미 '이윤 압박설'을 제기해 유명해진 암스트롱과 글린은 그 후 조절이론의 문제의식을 받아들임으로써 자신의 이론적 분석틀을 더욱 세련되게 만들었다. 전후 자본주의의 발전이 풍부한 자료를 통해 비교적 상세하게 서술되어 있다.

한스 피터 마르틴·하랄드 슈만, 《세계화의 덫》(영림카디널, 1997)

이 책의 지은이들은 독일의 유명한 시사주간지 《슈피겔》의 기자다. 따라서 오늘날 지구화의 문제들이 쉽고 유려한 문체로 풍부한 예를 통해 논의되고 있다. 지금까지 우리의 작업이 어렵게 느껴진 독자들은 이 책을 읽으면서 지구화를 다시 한번 숙고할 수 있을 것이다. 강수돌 박사의 깔끔한 번역 역시 이 책을 돋보이게 한다.

Joachim Hirsch, *Der nationale Wettbewerbsstaat. Staat, Demokratie und Politik im globalen Kapitalismus* (Berlin: ID-Archiv, 1995)

조절이론의 문제의식을 비판적으로 발전시킨 최근 독일의 연구들의 결정판이라고 할 수 있다. 히르쉬는 이 책에서 포드주의 및 포드주의 위기 후의 국가 형태의 변화에 주목한다. 그는 포드주의적 축적체제의 케인즈주의적 개입국가에 대비해 오늘날 지배적인 국가형태를 '민족적 경쟁국가'로 개념화하고 있다.

Elmar Altvater·Birgit Mahnkopf, *Grenzen der Globalisierung. Ökonomie, Ökologie und Politik in der Weltgesellschaft*(Münster: Westfälisches Dampfboot, 1996)

알트파터와 만코프는 이 책에서 지구화 문제를 다양한 측면에서 접근하고 있다. 지구화와 관련하여 국제무역질서, 초국적기업, 경제블록화, 국민국가 등의 문제가 논의되며, 지구화가 생태계에 미친 영향이 탁월하게 분석된다. 그러나 이 책의 백미는 무엇보다——알트파터가 이미 오래전부터 연구해온——화폐적 축적 및 국제금융시장의 자립화 과정을 분석하는 부분이다.

지구화, 현실인가 또 하나의 신화인가

초판 1쇄 발행 2000년 7월 31일
개정 1판 1쇄 발행 2022년 9월 28일
개정 1판 3쇄 발행 2024년 7월 19일

지은이 구춘권

펴낸이 김준성
펴낸곳 책세상
등록 1975년 5월 21일 제2017-000226호
주소 서울시 마포구 동교로23길 27, 3층 (03992)
전화 02-704-1251
팩스 02-719-1258
이메일 editor@chaeksesang.com
광고·제휴 문의 creator@chaeksesang.com
홈페이지 chaeksesang.com
페이스북 /chaeksesang   트위터 @chaeksesang
인스타그램 @chaeksesang   네이버포스트 bkworldpub

ISBN 979-11-5931-718-7 04080
        979-11-5931-400-1 (세트)